AGUILAR

Secretos

para encontrar

parej❤a

en

Internet

Aguilar es un sello editorial del Grupo Santillana

Argentina
Avda. Leandro N. Alem, 720
C 1001 AAP Buenos Aires
Tel. (54 114) 119 50 00
Fax (54 114) 912 74 40

Bolivia
Avda. Arce, 2333
La Paz
Tel. (591 2) 44 11 22
Fax (591 2) 44 22 08

Chile
Dr. Aníbal Ariztía, 1444
Providencia
Santiago de Chile
Tel. (56 2) 384 30 00
Fax (56 2) 384 30 60

Colombia
Calle 80 No. 9-69
Bogotá
Tel. (57 1) 639 60 00

Costa Rica
La Uruca
Del Edificio de Aviación Civil 200 m al Oeste
San José de Costa Rica
Tel. (506) 220 42 42 y 220 47 70
Fax (506) 220 13 20

Ecuador
Avda. Eloy Alfaro, 33-3470 y Avda. 6
de Diciembre
Quito
Tel. (593 2) 244 66 56 y 244 21 54
Fax (593 2) 244 87 91

El Salvador
Siemens, 51
Zona Industrial Santa Elena
Antiguo Cuscatlan - La Libertad
Tel. (503) 2 505 89 y 2 289 89 20
Fax (503) 2 278 60 66

España
Torrelaguna, 60
28043 Madrid
Tel. (34 91) 744 90 60
Fax (34 91) 744 92 24

Estados Unidos
2023 N.W. 84th Avenue
Doral, F.L. 33122
Tel. (1 305) 591 95 22 y 591 22 32
Fax (1 305) 591 74 73

Guatemala
7ª Avda. 11-11
Zona 9
Guatemala C.A.
Tel. (502) 24 29 43 00
Fax (502) 24 29 43 43

Honduras
Colonia Tepeyac Contigua a Banco Cuscatlan
Boulevard Juan Pablo, frente al Templo
Adventista 7° Día, Casa 1626
Tegucigalpa
Tel. (504) 239 98 84

México
Avda. Universidad, 767
Colonia del Valle
03100 México D.F.
Tel. (52 5) 554 20 75 30
Fax (52 5) 556 01 10 67

Panamá
Avda. Juan Pablo II, n°15. Apartado Postal
863199, zona 7. Urbanización Industrial
La Locería - Ciudad de Panamá
Tel. (507) 260 09 45

Paraguay
Avda. Venezuela, 276,
entre Mariscal López y España
Asunción
Tel./fax (595 21) 213 294 y 214 983

Perú
Avda. Primavera 2160
Surco
Lima 33
Tel. (51 1) 313 4000
Fax (51 1) 313 4001

Puerto Rico
Avda. Roosevelt, 1506
Guaynabo 00968
Puerto Rico
Tel. (1 787) 781 98 00
Fax (1 787) 782 61 49

República Dominicana
Juan Sánchez Ramírez, 9
Gazcue
Santo Domingo R.D.
Tel. (1809) 682 13 82 y 221 08 70
Fax (1809) 689 10 22

Uruguay
Constitución, 1889
11800 Montevideo
Tel. (598 2) 402 73 42 y 402 72 71
Fax (598 2) 401 51 86

Venezuela
Avda. Rómulo Gallegos
Edificio Zulia, 1° - Sector Monte Cristo
Boleita Norte
Caracas
Tel. (58 212) 235 30 33
Fax (58 212) 239 10 51

Cecilia Alegría ♡ La Doctora Amor

Secretos
para encontrar
parej♡
en
Internet

AGUILAR

AGUILAR

SECRETOS PARA ENCONTRAR PAREJA EN INTERNET
ISBN 10: 1-60396-612-9
ISBN 13: 978-160396-612-2

Diseño de cubierta:
Mónica Delgado
Antonio Ruano

© Imagen de cubierta:
Leo Reinfeld, Cre8me, Inc.

Cecilia Alegría ♡ La Doctora Amor

La periodista y conductora de televisión Cecilia Alegría es hija de Ciro Alegría, autor de "El mundo es ancho y ajeno". Ella destaca en los medios latinos de Estados Unidos dando consejos sobre cómo triunfar en el terreno amoroso y ayudando a miles de parejas a resolver sus problemas. A través de sus segmentos dedicados a la consejería sentimental y de parejas, Cecilia se ha dado a conocer en el mercado hispano de los Estados Unidos como "La Doctora Amor".

La Doctora Amor participa contínuamente en varios programas de radio y televisión y desarrolla una labor destacada y con repercusión internacional a través de su página en Internet: www.ladoctoraamor.com

Cecilia Alegría es autora de otros tres libros, dos de ellos de auto-ayuda y el tercero el testimonial "Su muerte no fue en vano" que narra su historia de amor con su esposo, el gran amor de su vida, quien falleciera en el 2003. Su primer obra, "Comunicación efectiva = Comunicación afectiva" fue publicada en el año 2000 y su segundo libro publicado en el 2004 lleva por título: "120 preguntas y respuestas para ser mejores personas".

Índice

PRÓLOGO
por Mayte Prida

Cuando Cecilia Alegría, La Doctora Amor, me pidió que escribiera el prólogo de *Secretos para encontrar pareja en Internet* me sentí muy halagada. Primero, porque me encanta apoyar a las personas en las que creo, y segundo porque considero de sumo interés este tema.

Pertenezco a una generación que poco a poco ha hecho del Internet un estilo de vida. Si bien, aprendí a utilizar la computadora ya en mi edad adulta, me doy cuenta de la importancia de la red tanto para los negocios como para la vida cotidiana, y cada día más para las relaciones personales.

Conocí a Cecilia cuando colaborábamos en un programa matutino de televisión. Ambas teníamos varias similitudes: mujeres mayores de cuarenta años, solteras (felizmente en mi caso), con hijos adolescentes y periodistas de profesión. Cuando ella me habló la primera vez de sus investigaciones de romance en línea me llamó la atención más por curiosidad que por otra razón. Me gustaba compartir con ella sus historias y escuchar algunas de las anécdotas que vivió durante el proceso de este libro.

Cuando leí el manuscrito de este libro, me di cuenta del invaluable trabajo de esta periodista que, por medio de un relato, enseña el arte de aprender a buscar pareja en el Internet. Sus consejos, recomendaciones e investigaciones son valiosas herramientas para quienes, en medio de una sociedad caótica, buscan una persona compatible para compartir sus días. Encontrar a la persona indicada para comenzar una relación es todo un proceso. Tradicionalmente dicho proceso comienza en el momento en que dos personas se conocen. En el Internet sucede lo mismo, con la ventaja (o desventaja) de la falta de contacto físico hasta que ambas personas deciden encontrarse.

Cecilia proporciona a sus lectores un manual de autoayuda que permite buscar pareja en Internet sin "morir en el intento". Este libro además de ofrecernos una historia romántica, brinda información sobre las características y confiabilidad de diferentes sitios dedicados al online dating, y un exhaustivo estudio estadístico y social de este nuevo fenómeno. Sus consejos enseñan al lector a conseguir de manera segura la información necesaria de la otra persona para evaluar, si vale la pena o no, propiciar un encuentro cara a cara. Todo lo anterior narrado de manera divertida, romántica y, en ocasiones, un tanto erótica, lo que propicia que su lectura sea amena y plácida.

Aunque desde hace varios años tengo una relación estable, después de haber leído este libro, me queda claro que si algún día vuelvo al "mercado" de la búsqueda de pareja, contaré con una herramienta de gran utilidad: los consejos de la Doctora Amor —dicho sea de paso, por eso se ha ganado ese nombre.

Así pues, los invito a que se preparen para disfrutar de este libro de auto ayuda que los guiará a buscar de manera segura y confiable a esa media naranja en el ciberespacio.

Mayte Prida
Presentadora de Televisión y Autora

"Todos nos inventamos a nosotros mismos.
Sólo que algunos de nosotros
tenemos más imaginación que el resto."
Cher

Cuando me encargaron esta investigación periodística en la revista en la que trabajo, les dije que aceptaba siempre y cuando me permitieran realizar un especial de varias páginas, porque el tema suponía mucho pan por rebanar. Como de costumbre, mi jefe me dio su visto bueno. No en vano tengo más de dos décadas dedicada a reportajes y un nombre respaldado por una trayectoria impecable como periodista y escritora de libros de auto-ayuda.

Cuando les pedí que me dejaran hacer una investigación de largo plazo, a profundidad, con el fin de contemplar todos los aspectos del fenómeno, mi hasta entonces poco locuaz jefecito respondió entusiasmado:

—Cómo no, Carola*. Lo único que te pido es que, por favor, no incluyas tus opiniones en el reportaje ¿OK?

—Puedes estar seguro de que no me involucraré tanto como para que mi opinión aparezca —le respondí mientras revisaba algunos artículos ya publicados sobre el tema en Internet.

---

* Los nombres y nacionalidades del relato han sido cambiados para proteger la confidencialidad de la investigación.

—¡Ah!...Y ni se te ocurra enamorarte de uno de tus entre-vistados, ¿entiendes? —amenazó Rafael entre risas, mirán-dome con cara de cómplice por encima de la computadora.

En la oficina saben que desde que enviudé hace más de un año, no he salido con ningún hombre ni he tenido la menor intención de rehacer mi vida sentimental, porque lo profesional me tiene lo suficientemente ocupada como para no encontrar ni un hueco para citas en mi apretada agenda, mucho menos con hombres "desesperados" por encontrar pareja, como supongo deben ser los que acuden al *online dating* o romance en línea como último recurso para reflotar sus vidas amorosas.

—¿Qué sabes del *online dating*? —le pregunté a María Antonia, una joven colega soltera y guapa, que se las da de estar siempre al día en materia de hombres.

—Uhmmmm.... he leído mucho sobre el tema y conozco gente que ha pasado por la experiencia. Parece que el balance es positivo, favorable. ¿Quieres que te dé datos de personas que han encontrado a su pareja a través de ese método? —me preguntó en un arranque de generosidad inusual en ella.

—Claro, me harías un gran favor porque tengo poco tiempo para la investigación. Tú sabes cómo es Rafael, ¡lo quiere todo para ayer!

Las dos nos reímos entre sorbos de café que nos mante-nían despiertas a tan altas horas de la noche. En la redacción de la revista ya no había nadie y nosotras también nos dis-poníamos a partir.

Apagué la última luz encendida pensando que la dicho-sa investigación también podría servirme para escribir un libro, justo cuando está tan de moda el tema de los ro-mances por Internet, siempre y cuando, eso sí, consiguiera testimonios de calidad. ¡Ah! y tal vez, quizá, quién sabe, dependiendo de las circunstancias y la suerte… y en con-tra de lo que pudiera opinar Rafael, podría llegar a salir con alguno de mis entrevistados en… para qué pretender ocultarlo, "otro plan" más vinculado a las sinrazones del corazón que a las razones del periodismo; si es que lograra encontrar un hombre que mereciera algo de mi valioso tiempo. Cosa difícil pero no imposible.

Dejé escapar un suspiro mientras cerraba la puerta de la oficina y, en la oscuridad de esa calurosa noche de Miami, presentí que se abría una nueva etapa en mi vida, llena de interrogantes y sorpresas.

¿Qué es lo primero que tengo que hacer para averiguar cómo funciona?, ¿cuáles son sus pros y contras? y, ¿dónde y cómo encontrar fuentes que se dejen entrevistar fácilmente?, me pregunté ya en casa mientras encendía la PC en busca de inspiración.

"Ingresar al sistema como usuaria", me respondí en voz alta como si se me hubiera "encendido el foquito", al mejor estilo publicitario.

Coloqué en mi buscador de Internet preferido las dos palabras clave: *online dating* y Google arrojó 425,000,000 resultados en 0,48 segundos.

Acompañando a tal *input* informativo, apareció una página dedicada a diez portales de *online dating* que figuraban como auspiciadores.

Decidí visitarlos inmediatamente para hacerme una veloz idea de sus ventajas comparativas. Luego de una primera "navegada" por sus páginas, me animé a inscribirme en uno de ellos: *Imatchup*, del cual tenía ya buenas referencias; gracia que me costó 25 dólares por el primer mes.

Me tomó algunos minutos redactar mi perfil (perfil que describe cómo es una y el tipo de pareja que se desea) y buscar algunas fotos que lo acompañaran para inaugurar mi propia página en *Imatchup*. Ahora habría que esperar para ver los resultados en cuanto a reacciones por parte de los hombres que la leyeran.

Una duda me dio vueltas en la cabeza durante algunos minutos: ¿Habría hecho bien en decir toda la verdad y nada más que la verdad sobre mí en ese perfil?

Pues resulta que a todas luces soy un "espécimen raro" en el firmamento femenino contemporáneo. ¿De qué otra forma se puede calificar a una mujer que cree en la importancia de "guardarse" sexualmente para un solo hombre, en la fidelidad como primer componente de la relación de pareja exitosa y en el matrimonio para toda la vida… hasta que la muerte nos separe? ¡Más que un espécimen raro, una especie en extinción!

Algunos amigos y familiares suelen reírse de mi excesivo puritanismo calificándome de "pacata", "cucufata" y "chapada a la antigua".

¿No ahuyentaría por eso mismo mi perfil a la mayor parte de los hombres que buscan mujeres sólo para divertirse o pasarla bien? Bueno, habría que probar. Además, debo reconocer que ese tipo de hombre no me interesa, aunque tendría que considerarlo en aras de mi investigación.

Me fui a dormir con la sensación de que había hecho lo correcto. Y es algo de lo que me he preciado toda mi vida, porque, para mí, el fin no justifica los medios. Y en este caso, aunque la finalidad de mi ingreso al mundo del *online dating* fuera una investigación periodística y un libro en ciernes, no tenía por qué mentir para conseguir mi meta.

El proceso de ingreso al romance en línea resulta un tanto complicado para los que no son expertos en computación, y requiere de cierta inversión de tiempo. Veamos el caso del primer sitio *web* al que me inscribí: *Imatchup*. En la página *web* en la que el cliente tiene su perfil, aparecen muchos componentes visuales que atraen la vista de quien ingresa a ella.

El perfil que ocupa el lugar principal de la página; está dividido en las siguientes partes:

About Me (Acerca de mí)	Me and My Match (Mi pareja y yo)
Social	Photo (Foto)
My Ideal Match (Mi pareja ideal)	Preferences (Preferencias)

Si alguno de los interesados en conocer a una persona quiere ver uno de estos puntos específicamente hace clic sobre la palabra subrayada y va al grano, a lo que quiere saber. Aunque en algunos puntos las respuestas son tan simples como un sí o un no, lo que evidentemente no contribuye a revelar mucho de la personalidad de quien las contesta.

Veamos por ejemplo las preguntas que figuran en "preferencias":

¿Alguna vez ha intentado o querido practicar alguna de las siguientes actividades: esquí, montañismo o canotaje?

¿Te gustan los aretes en los hombres?

¿Te agradan los video juegos?

¿Te gustan los animales?

¿Disfrutas asistiendo a galerías de arte?

Las respuestas a estas preguntas no brindan mas que algunos elementos superficiales para el conocimiento de la otra persona, tan intrascendentes como el color de sus ojos y de su cabello.

Pero depende en mucho del perfil que uno lea y de las fotos que lo acompañen, el que alguien se anime a enviar un *wink* (guiño) o *flirt* (coqueteo). De allí la importancia de describirse lo más fiel y honestamente posible. Porque como bien dice el refrán: "dime con quién andas y te diré quién eres", también en el mundo del amor en línea los serios buscan a las serias y los que sólo quieren diversión se acercan a las mujeres más ligeras.

Por eso no me arrepiento de haber escrito un perfil tan auténtico. Porque se supone que atraeré a "lo mejorcito" del sistema.

Ahora sólo queda esperar a ver los resultados.

Si ingresamos las palabras *online dating site* en el buscador *Google,* los resultados arrojan aproximadamente 1 330 000 menciones en 0.18 segundos.

Acabo de descubrir que el negocio es tan próspero y avanza a tal velocidad que, junto con los más de 800 sitios *web* dedicados al romance en línea que existen ya en el ciberespacio, sobresalen algunos especializados en ayudar a los internautas a triunfar en la aventura de buscar y encontrar pareja.

Hay consejeros sentimentales en Internet que pueden elaborar el perfil a gusto del cliente, partiendo prácticamente de cero, es decir, haciendo la tarea por él, o pueden revisar un texto ya terminado, corregirlo y pulirlo hasta lograr que sea lo más atractivo posible y obtenga los resultados que el cliente desea. Colocando en Google las palabras *online dating profile* en inglés, el buscador arroja 393 000 menciones en 0.31 segundos.

Yo no siento necesidad alguna de hacer uso de los servicios de asesoría, porque como escritora y periodista dispongo de los recursos lingüísticos y estilísticos requeridos como para redactar un aviso que destaque de entre los cientos que un hombre puede revisar frente a su computadora a diario, pero imagino que habrá millones de personas interesadas en probar el *online dating* que pagarán gustosas porque otro, un especialista, haga el trabajo por ellas.

¿Por qué el romance cibernético ha cosechando tantos triunfos en tan corto tiempo de existencia? Es la pregunta obvia que todos aquellos que desconfiaban del sistema se hacen actualmente.

Hay que reconocer que tan útil y práctico método de búsqueda de pareja en línea responde a una de las primeras necesidades del ser humano, que tienen que ser satisfechas en la búsqueda de la felicidad y realización personal: la necesidad afectiva.

"El amor", dijo Robert Frost, "es un deseo irresistible de ser irresistiblemente deseado". Tal vez por eso es que en el siglo XXI la flecha de Cupido ya no atraviesa corazones cuando un hombre y una mujer se miran a los ojos, sino cuando se escriben *e-mails* después de haberse elegido mutuamente entre miles de posibles candidatos en un sitio de Internet dedicado al romance. Tal fenómeno está cambiando radicalmente la forma en que los norteamericanos descubren y concretan hoy una relación amorosa.

De acuerdo con la Oficina del Censo de los Estados Unidos, hay 86 millones de personas sin pareja en los Estados Unidos actualmente. La *Online Publisher's Association* sostiene que la mitad de esos solteros, alrededor de unos 40 millones, se encuentra buscando a su "alma gemela" en Internet, cifra que fue confirmada en el mes de junio del 2004 por *comScore Networks*.

Resulta igualmente reveladora la cifra que presentan los *NetRatings* de la empresa encuestadora de mercados *Nielsen*, según la cual durante diciembre del 2003, el 14% de la población norteamericana que usó Internet —equivalente a 21 millones de personas— visitó por lo menos dos sitios de citas virtuales, y este número sigue creciendo desde entonces a ritmo acelerado.

Información de la empresa británica *Hitwise*, especializada en estudios sobre usos de Internet, revela que el número de visitas a los sitios virtuales creció en un 45% desde enero del 2003 hasta inicios del 2004, a nivel mundial. El visitante típico dedica trece minutos y dieciocho segundos a navegar en un sitio de romance en línea, casi el doble del tiempo que los usuarios de Internet gastan en todos los otros sitios en general.

Según esta compañía, aproximadamente uno de cada cuatro norteamericanos que emplean Internet, también hacen uso de los sitios dedicados a las citas virtuales de manera sistemática, es decir, todos los meses.

Otra encuesta realizada en julio del 2004 por *Harris Interactive*, empresa consultora en investigaciones de mercado, confirma que los norteamericanos están empleando el Internet de manera creciente para hacer nuevos amigos y establecer relaciones amorosas. De hecho, de los hombres y mujeres solteros que ingresan al *online dating* en busca de romance, el 68% declara haber conseguido citas exitosas. De este porcentaje, 40% son hombres y un 28% mujeres, lo que corresponde también con el mayor número de varones que emplean este tipo de servicios virtuales hasta el momento.

La acogida del fenómeno en Europa, Asia y Australia también es impresionante. ¿Cuánto tiempo demorará en "apoderarse" de Latinoamérica? Tan avasallador ritmo de crecimiento permite presagiar que dentro de muy poco, los latinoamericanos dejarán de buscar a su futura pareja en los bares y otros lugares públicos, para hacerlo principalmente desde sus casas, conectados a la red de redes.

—Bien, interesante... tiene estadísticas contundentes. Tiene todos los ingredientes del primer artículo de una serie que estoy seguro captará fácilmente la atención de nuestros lectores —dijo Rafael, mi jefe, con el texto en mano, mientras caminaba lento de un sitio a otro, a lo largo y ancho de su oficina, reflexionando sobre el tipo de fotografías o ilustraciones que lo deberían acompañar para hacerlo más atractivo.

—¡Guau! —comentó María Antonia entusiasmada— Si nuestro exigente jefecito cree esto ¡quiere decir que realmente está bien escrito! ¡Conociendo lo miedoso que es él! —añadió entre risas.

Rafael se había sentado encima de su escritorio y alzando sus gafas, con el gesto con el que suele preguntar cosas indiscretas, me miró inquisitivamente y soltó la siguiente interrogante:

—¿Y cómo van las respuestas de tus admiradores, Carola? ¿Estás teniendo éxito o no recibes mensajes, ah?

—Mira, Rafael, a ti que te gustan los datos, —le contesté. Te cuento que en mis tres primeras semanas empleando el sitio *web* de *Imatchup* he recibido 290 *flirts* y 232 *e-mails*.

—¡Increíble! —comentó María Antonia—. Si a ti que sólo eres bonita y sexy te ha ido tan pero tan bien imagínate a mí, ¡mi buzón de *e-mail* reventaría de mensajes provenientes de hombres locos por mi fascinante belleza! —agregó mi colega con una sonora carcajada.

¿Y cómo haces para responder tal cantidad de *e-mails*? —preguntó Rafael.

—Fácil, haciendo *copy and paste* de un mismo mensaje. Respondí casi todos con el mismo texto que pegaba en los casilleros de respuesta a cada interesado, para no perder tanto tiempo. A la mayoría les agradecí y les dije cortésmente que no son "mi tipo", o algo por el estilo.

—¡Si serás tonta, Carola! ¡Tienes que sacar algún provecho personal de esta investigación, mamita! —apuntó María Antonia perdiendo su estruendosa alegría.

—Un dato que me sorprendió mucho y no deja de llamar mi atención —comenté cambiando el tema— es que del 100% de mensajes recibidos, 70% son de hombres menores que yo, y de ese porcentaje 30% son de jóvenes a los que les llevo entre 15 y 20 años.

Mis dos colegas guardaron un silencio reflexivo que duró varios segundos, sólo cortado por las preguntas de Rafael, quien picaba con ellas mi curiosidad:

—¿Qué quiere decir esto? ¿Qué andan buscando tales jovencitos? ¿Cómo puede interpretarse este dato?

—No puedo dar una respuesta tan prematuramente, Rafael, —le respondí con honestidad—. Tengo que seguir investigando.

Alanaj fue uno de los primeros en escribirme a través de *Imatchup*. Con solo 22 años, se mostró desencantado cuando le respondí que le agradecía pero que él era "demasiado joven" para mí:

> Si eso es todo lo que tú puedes decirme, espero que tengas en cuenta que eres una bella mujer, a pesar de tu edad, y que consideres que será placentero y romántico empezar tu vida amorosa conmigo, un hombre joven, vital y ¡de corazón caliente!

Dos días después del intento de Alanaj, me llegaba el siguiente *e-mail* de Donathon:

> Estoy buscando a alguien que me haga sonreír y reír otra vez. Tengo 28 años pero la edad no es mi prioridad. Creo que la felicidad es algo gratuito que se consigue con la persona indicada, tenga los años que tenga. ¡Piensa en joven y diviértete! Entonces… ¿estás interesada?

Puedo especular que debe haber miles de mujeres en mi situación que responderían que sí, tratándose de jóvenes guapos, de cuerpos musculosos y fogosos deseos, pero esta periodista jamás podría intentar separar sexo de amor, y no cualquier tipo de amor, sino de aquel intenso, especial y comprometido que sienten las parejas que desean compartir el futuro.

Como es obvio suponer, le respondí que no podía salir con él pero que le daba las gracias por haberse fijado en mí.

Mi récord en *Imatchup*: 16 mensajes en un solo día. También en un solo día 100 hombres de distintas edades y ciudades de Estados Unidos visitaron mi perfil. Durante una semana, 84 mensajes recibidos y 347 visitas a mi página en inglés.

Lo cierto es que, ante la avalancha de mensajes que saturan mi *e-mail*, he tenido que priorizar todo aquello que sirve para la investigación y dejar de lado las expectativas sentimentales.

Luego de tener una idea de cómo funciona *Imatchup* me lancé a conocer las ventajas y limitaciones de *Yahoo Personals*. Descubrí que tiene una versión en español que permite a los hispanos o latinos residentes en Miami tener contacto entre sí. Aproveché para publicar mi perfil en mi lengua materna. Al cabo de algunos días llegaron decenas de mensajes a mi bandeja de entrada, pero muy pocos de los interesados parecían tener un nivel más o menos aceptable para mí (en cuanto a nivel de instrucción y económico) por lo que deduzco que *Yahoo Personals* no es estricto en la selección de los candidatos de acuerdo a si reúnen los requisitos que el usuario ha establecido previamente. Mucho mejor es la cantidad de admiradores que ha generado mi perfil en *Yahoo Personals* en inglés, así que comenzaré a salir con ellos, con fines periodísticos, en primer lugar.

Por otro lado, los resultados en cuanto a número de mensajes recibidos en *Yahoo Personals* no fueron tan abultados como en *Imatchup* por una muy sencilla razón: mientras que en el segundo me escribían hombres de todos los estados norteamericanos (y hasta de Canadá), porque no consideré el factor distancia como prioritario, en el primero limité mi radio de acción a 100 millas alrededor de mi ciudad, lo que redujo considerablemente la cantidad de potenciales *matches* (candidatos). Y creo que me voy a quedar con esta opción de aquí en adelante porque de nada sirve dedicarse a intercambiar *e-mails* o chatear en línea con desconocidos si no hay probabilidades de encontrarse físicamente en un plazo relativamente corto.

De todos modos, el ritmo durante el primer mes fue de unos tres mensajes y seis o siete *icebreakers* (rompehielos) diarios, volumen bastante elevado de mensajes por tratarse de un aviso nuevo como el mío. Luego descubrí, al pasar de los días, que los avisos antiguos reciben menos atención, por lo que hay que cambiar las fotos o renovar los textos de manera constante. Esto debido también a que los sitios *web* vuelven a mostrar los avisos antiguos como si fueran nuevos (rotándolos con mayor frecuencia dentro de la sección de "búsqueda" o programándolos más dentro de los mensajes con *matches* potenciales que la misma empresa envía a los clientes) cuando uno le hace cualquier pequeña modificación.

Cada empresa tiene un sistema pre-establecido y depende del usuario con qué frecuencia desea recibir las fotos y perfiles de potenciales candidatos (con los que pueda establecer contacto) elegidos por el *website* de romance en línea, en su *e-mail* personal. Mi investigación indica que con recibir tal información de una a tres veces por semana es más que suficiente, puesto que las mujeres no tienen necesidad de iniciar el contacto, sino que pueden darse el lujo de adoptar una posición pasiva, de espera, debido a que aún hay más hombres que mujeres usando el sistema, a nivel mundial.

¿Por qué las mujeres todavía no se entusiasman con la misma intensidad que los varones y demoran más en tomar la decisión de unirse a las filas del romance en línea? La principal razón es el temor. El temor a arriesgarse, a ponerse al descubierto, a ser estafadas, a caer en manos de mentirosos, cuenteros, jugadores y hasta violadores sexuales. Pero este miedo no tiene una fundamentación lógica. Los casos de violación o estafa son uno en un millón, tantos o tan pocos como los que se dan en la vida real, en la calle, fuera del marco del *online dating*. ¿Qué probabilidades hay de que el hombre con el que chateamos en línea sea un violador? Las mismas de que el hombre que acabamos de conocer en el bar o en la parada del autobús lo sea.

Pero volviendo al tema de las listas de candidatos, cabe agregar que en *Yahoo* brindan tres opciones al usuario: recibir estos mensajes con los candidatos una vez por semana, tres veces por semana o no recibirlos en el momento. Yo elegí la alternativa de una vez por semana porque me pareció la más razonable. Pero cabe resaltar que, en el caso de cualquier mujer más o menos atractiva, no tendrá tiempo de escribirle a ningún caballero de esas listas, pues sólo logrará contestar los mensajes que le lleguen de los directamente interesados en ella. La situación es diferente para los hombres, que, de existir la opción, podrían inclusive solicitar recibir tales listas diariamente.

Yahoo Personals ofrece a sus clientes la posibilidad de realizar un test para definir mejor su tipo de personalidad y su estilo amoroso, con el fin adicional de plasmar esos resultados en el aviso que uno mismo redacta.

En mi caso, el test calificó mi tipo de personalidad como "idealista", persona que siempre está abierta a nuevas oportunidades y cuya misión en la vida es la de hacer del mundo un mejor lugar para vivir.

El test determina también qué porcentaje de las mujeres que están empleando los servicios de ese sitio *web* se encuentran dentro de la misma definición de personalidad y estilo de relación amorosa.

En cuanto a mi estilo amoroso, la prueba ratificó que soy una "romántica" (¡nada sorprendente porque eso lo sé desde hace mucho!) y que por ello tengo altas expectativas para establecer una conexión duradera con mi pareja a todo nivel: mental, emocional, sexual y espiritual. Según los resultados del test, los verdaderos románticos como yo son muy raros (¡Y eso también ya lo sabía!).

Los comentarios son extensos y se nota que tienen asidero, por lo que recomiendo la realización de estos ejercicios a quienes acceden al sistema.

Otra ventaja que tiene *Yahoo Personals*, que no se da en casi ningún otro de los sitios *web*, es la facilidad de acceso a los foros de chat a cualquiera que quiera hablar con otro que ya está conectado. Por ejemplo, en el mismo instante en que escribo esto, yo aparezco como *available* (disponible) en mi *Yahoo Messenger*, entonces un usuario que también está conectado ingresa a mi pantalla, se identifica y me pregunta si quiero chatear o no con él. Acaba de saludarme "patner4u2000" y le dije amablemente que sólo chateo con los que previamente me han enviado un *icebraker* o *e-mail* electrónico respondiendo a mi aviso, para poder revisar su perfil y, sobre todo, su foto antes de conversar en el *Messenger*. Recomendación número uno: hay que ser muy selectivas. Recomendación número dos: no chatear con nadie que no tenga perfil. Por tanto, antes de chatear podrías decirle que sólo lo haces después de haber leído el perfil y visto las fotos que en él se publican. ¿Ok?

Finalmente, después de mi segunda experiencia positiva en manos de *Yahoo Personals*, decidí usar también los servicios de *Match.com* porque no podía estar ajena al estilo de hacer las cosas del más poderoso de los portales norteamericanos dedicados al romance en línea.

Investigando descubrí que *Match.com* opera con más de 30 sitios de *online dating*, en 17 idiomas y en los 5 continentes; durante el año 2004 fue el primer portal de su género en el mundo, de acuerdo al *ranking* de la empresa encuestadora de mercados *comScore Media Metrix*.

Su éxito se basa, en parte, en el empleo de la plataforma más avanzada para lograr el *perfect matching* entre los millones de hombres y mujeres que pagan $30 dólares mensuales por sus servicios. *Total Attraction Matching System*^{TM}

consta tanto de tests psicológicos como de una plataforma "de atracción física" que permite medir el nivel de "química" existente en una posible futura pareja.

Según los datos proporcionados por la empresa, que realiza periódicos estudios entre sus clientes, indican que más de 200.000 de sus usuarios encontraron a su pareja ideal a través del servicio durante el año 2003 solamente. Desde que inició sus operaciones en el año 1995, *Match.com* atendió los requerimientos sentimentales de 12 millones de norteamericanos.

Es evidente que los tiempos de un nuevo tipo de "casamentera", revestida de tecnología y con aires cibernéticos, llegaron al país del tío Sam. Volviendo a la idónea frase de Robert Frost que define al amor como "un deseo irresistible de ser irresistiblemente deseado" hay que reconocer que el romance en línea eleva este deseo a la décima potencia.

Pues bien, ingresé a *Match.com* el 1º de julio colocando el mismo perfil que ya había publicado antes en *Imatchup* y *Yahoo Personals* pero agregando más fotografías, ya que el sitio *web* permite publicar hasta 26 y así lo hice. OJO: A mayor cantidad de fotografías, y recientes por cierto, mayores probabilidades de recibir mensajes de potenciales candidatos a *dates* (citas).

Lo que más me agradó de la experiencia es que comencé a recibir *winks* y varios mensajes semanales de hombres que vivían a solo 50 millas de distancia como máximo de mi casa, lo que les facilitaba inmensamente la posibilidad de verme en persona.

Respondí solamente a aquellos que me agradaban físicamente y cuyos perfiles tenían algún grado de semejanza con los de mi *perfect match* (pareja perfecta). No es necesario responder *winks* (guiños), *flirts* (flirteos) o *icebreakers* (rompehielos) de hombres que no nos interesan, porque ellos lanzan dichos mensajitos prefabricados a diestra y siniestra, a ver quién les responde. Pero diferente es el escenario si de *e-mails* se trata, porque aunque el caballero que lo escribió no nos agrade, hay que reconocer que le tomó algún tiempo escribir y demostrarnos su interés, por consiguiente, lo menos que podemos hacer por cortesía es responder con un texto simple y corto como éste: "Gracias por escribirme. Agradezco tu interés pero no me parece que seamos compatibles. Te deseo mucha suerte en tu búsqueda", o algo por el estilo.

Un consejo para los caballeros: dado que la estadística que esta periodista maneja indica que por cada 10 hombres hay apenas seis mujeres usando el romance en línea, preferible es mandar a diestra y siniestra *winks*, *flirts* o *ice-brakers* pre-fabricados, porque para lograr uno de vuelta, o sea, una sola respuesta positiva, se tienen que enviar por lo menos diez de manera simultánea.

A las pocas horas de inscribirme en el sitio, *Match.com* me envió por *e-mail* electrónico los resultados del test que realicé para descubrir el "tipo físico" de hombre que me atrae más y terminé corroborando que ya tenía una idea clara al respecto, pero que ahora la confirmaba con lujo de detalles. Se trata de un hombre alto, de cuerpo delgado pero musculoso, apuesto, de apariencia juvenil, de piel clara y facciones muy varoniles de tipo "Ecto-Mesomorfo" (rectangular o en forma de diamante), por el cual un 33% de la muestra de mujeres inscritas en el sistema también están interesadas. Ellos se cuidan a sí mismos y se esmeran en su arreglo personal para lucir guapos solo para ti (¡y para el otro 33% de damas que los observan!) dicen los resultados del test de *Match.com*.

En cuanto a la parte psicológica, este poderoso portal de Internet describe las cualidades personales y cómo uno se define en relación con la que sería su "pareja ideal". Puntualiza los aspectos positivos del temperamento y aquellos que pueden traernos complicaciones y sobre los cuales debemos tener mayor conciencia y trabajar para modificarlos.

A mí me dice, por ejemplo "Usted puede notar que está tan enfocada en que las cosas se hagan bien que se olvida de permitir mayor espontaneidad a su vida". Y "como usted tiene tan gran corazón, en oportunidades se halla atrapado en ayudar demasiado a sus familiares y amigos".

Sobre los rasgos generales de mi personalidad, el test precisa: "Usted es un líder natural". "Usted es adorado por muchas personas y por buenas razones". ¿No está nada mal, no? ¡Así cualquiera se anima a competir en el desafiante mundo del amor en línea!

Para terminar con la muestra de sitios *web* con los que voy a trabajar a lo largo de mi estudio, me inscribí también en *eHarmony*, uno de los portales más prestigiosos por su seriedad, la selección más estricta de los clientes (porque siendo un portal para cristianos, fundamentalmente, no puede darse el lujo de permitir casados o delincuentes en su lista) y por su alto índice de emparejamientos que terminan en matrimonios.

eHarmony le pide al interesado que realice un test psicológico de 500 preguntas que puede llevarle hasta 45 minutos, pero que bien vale la pena ya que servirá para seleccionar muy escrupulosamente a la "pareja ideal" con base en los resultados que éste arroje. Como es de suponer, este *site* es uno de los más caros de la *web*. La mensualidad alcanza los $50 dólares, pero hay planes más económicos si se contrata el servicio por tres ó seis meses. Y el precio se debe también a que su fundador, el prestigioso psicólogo Neil Clark Warren, sostiene que la empresa tiene en su haber más de 10.000 matrimonios.

El test arroja varias páginas de resultados organizados por categorías. Entre las más importantes destacan: cómo me describo a mí mismo, cómo me veo en relación con otros, cuál es mi estilo principal de comunicación, las ventajas y fortalezas que uno aporta a la relación de pareja y las desventajas o debilidades contra las cuales uno tiene que luchar. Muy interesante y completo.

Una diferencia notoria entre *eHarmony* y el resto de sitios *web* con los que trabajé mi investigación periodística estriba en que en el primero no se publican las fotografías del candidato hasta que él lo autoriza (lo que puede ser en una segunda o tercera fase de la comunicación que se establece entre las dos personas que han sido elegidas como potencial "pareja perfecta"). Y esto, para mujeres como yo que sí consideran el atractivo físico de importancia para tomar una decisión, resultaba decepcionante. Por ejemplo, una comienza a intercambiar mensajes con un hombre que parece altamente compatible (el portal *web* permite que se conozcan hasta los resultados del test psicológico si uno lo solicita y la otra parte lo autoriza), pero cuando finalmente se puede ver la foto... ¡oh! decepción, el hombre al que dedicamos tanto tiempo no es de nuestro agrado. Y no sé por qué son tantos los hombres que prefieren ocultar la fotografía (¿o sí lo sé?) mientras que yo autoricé que pudieran ver mi foto desde el primer momento en que ingresaban a mi página *web*. No soy partidaria del "amor ciego". Y tampoco lo recomiendo.

Durante el primer mes que estuve usando los servicios de *eHarmony* me aparecieron diez candidatos en total, de entre los cuales sólo llegué a intercambiar mensajes con cuatro, debido a que el resto fue rechazando, progresivamente, la posibilidad de diálogo conmigo porque vivíamos muy lejos o ellos ya estaban iniciando una relación con otra persona. Este es otro de los grandes defectos que le vi al sistema: como son los señores de *eHarmony* los que "preseleccionan" y no la parte directamente interesada, la cantidad de potenciales candidatos se limita excesivamente. Y eso que, en mi caso, acepté que los contactos incluyeran hombres de cualquier estado norteamericano. Porque si me hubiera limitado a la Florida, tal vez no hubiera conseguido más que un pretendiente en el transcurso de todo el mes. En resumen, me parece que los criterios son tan exigentes y se han refinado tanto en *eHarmony*, que los que ya emplearon otros sitios de romance en línea terminan regresando a los que permiten realizar una búsqueda propia, por su cuenta y riesgo, y así tener mayor cantidad de opciones para elegir por uno mismo.

Hacia fines del año 2004, *eHarmony* informó tener más de 5 millones de usuarios y haber generado cientos de miles de relaciones amorosas. El éxito alcanzado se basó en una plataforma patentada por ellos, única en su tipo, llamada *Compatibility Matching System* (Sistema de Compatibilidad para el Emparejamiento), fundamentada en serios estudios empíricos y clínicos. El largo test que los interesados en inscribirse en el sistema tienen que rellenar resulta un incentivo para algunos –los que creen que eso les asegura la rigurosidad de la pre-selección— y un factor de desaliento para otros, aquellos que no tienen tiempo ni paciencia de contestar 500 preguntas que, según los expertos de ese sitio de romance en línea, no deberían ser respondidas a la ligera.

—¿Cómo va esa investigación, Carolita? —me preguntó Rafael al teléfono, con un tono amable y empalagoso, muy raro en él.

—Bien, muy bien. He realizado entrevistas a los ejecutivos de las empresas de *online dating* para recabar sus opiniones y más estadísticas, de esas que a ti tanto te gustan.

—¿En cuántos sitios *web* te has inscrito ya?

—En cuatro de los más importantes, Rafael. Gracias a esto ya conseguí decenas de testimonios de usuarios. Cada día me empapo más del tema.

—Sí, claro. Por lo visto, tu objetivo es dominarlo no sólo en teoría sino también ¡en la práctica! —comentó mi jefe mientras lanzaba una carcajada tan fuerte que tuve que alejar el celular de mi oído para que no me rompiera el tímpano.

El silencio que siguió a su comentario le dio a entender que no me había gustado nadita.

—Espero tu siguiente entrega para mañana a primera hora.

—Sí, sin falta te la envío por *e-mail* a las ocho.

—Vas bien, Carolita, vas bien —concluyó el director de la revista, como para retirar sus anteriores palabras y dejarme con alguna sensación grata a cambio.

PROS Y CONTRAS DE LA MECÁNICA DE FUNCIONAMIENTO DEL ROMANCE EN LÍNEA

Según Trish Macdermott, Vicepresidenta de *Match.com*, el romance en línea se ha convertido en una ciencia actualmente.

Su empresa cuenta con un sistema digital donde la descripción física y de cualidades del *perfect match* de un cliente se coteja con las de aquellas personas del sexo opuesto que mejor cumplen con dichos requisitos. Posteriormente, se envía al cliente una preselección, de acuerdo a tales afinidades, para que él se dirija a quien prefiera, con la seguridad de que todas las candidatas son "compatibles" con su personalidad y cubren sus exigencias.

Al respecto comenta Bary Rusell, un tenista usuario de *Match.com*, que se confiesa defensor del sistema:

> Todas las semanas recibo una o dos selecciones de potenciales candidatos que reúnen un porcentaje de los requisitos de mi pareja ideal, que puede ser de un 70% a un 90% la mayoría de las veces. Estas pre-selecciones son enviadas a mi *e-mail* personal. Las reviso rápidamente, si hay alguna fotografía que me gusta, hago clic sobre el pseudónimo, ingreso al perfil del sitio *web*, lo leo, veo más fotos y entonces ratifico mi decisión de enviar un *wink* o *flirt* a esa mujer. Esto me ahorra tiempo y voy directo a las que realmente me interesan.

Otra de las ventajas que te da *Match.com* es poder asistir a una serie de eventos que ellos mismos organizan en tu zona para que te encuentres con gente soltera que, como tú, anda buscando pareja. Y estos eventos no tienen costo adicional alguno, sólo el del consumo de alimentos o bebidas que hagas en el lugar.

Rosy Robles señala:

A mi me decepcionó *Yahoo Personals*. Eran muy pocos los hombres disponibles que vivían en mi zona. Descubrí eso rápidamente cuando comencé a recibir un listado de candidatos bastante repetitivo, donde siempre aparecían las mismas caras, con solamente una que otra nueva por semana.

Atenor Martines comenta basándose en su experiencia con cuatro empresas:

Todas las empresas grandes han desarrollado de forma pareja las herramientas que puedes usar dentro del sitio *web* para comunicarte con las mujeres que te interesan, pero no todas te brindan la misma cantidad y calidad. Por ejemplo, si tú estás en línea en determinado momento y resulta que hay una mujer que te llama la atención y también lo está, pues *American Singles* y *Yahoo Personals* te permiten aparecer en la pantalla de su PC inmediatamente e intentar que te responda ahí mismo; mientras que con *Imatchup* o *eHarmony* esto no funciona por limitaciones técnicas o porque el portal no te lo permite.

Luisa Carrizales, argentina de 37 años, experta en ventas y residente en la ciudad de Doral de Florida, narra su experiencia:

Imatchup tiene algunas cosas buenas pero también varias desventajas. El servicio te envía muchos *flirts* a tu buzón electrónico en un mismo día, lo que te da una muy buena impresión, pero luego descubres que los interesados viven en ciudades de Estados Unidos muy distantes y que no vas a tener la posibilidad de salir con ellos en citas reales, por lo menos en un corto plazo. También he tenido muchos problemas para poder hacer uso del foro de chat de *Imatchup* por los requerimientos técnicos y he perdido oportunidades por esta causa. En una ocasión, un hombre guapo que no estaba en el servicio pagado y que, por tanto, no podía enviar más que *flirts*, me envió uno que decía "¿Quieres chatear conmigo?" yo me di cuenta de que él se encontraba en línea en ese momento, esperando a que yo entrara a la sala de chat a conversar con él, pero me fue imposible hacerlo. Le envié un mensaje disculpándome pero como él no podía leerlo por no estar en la categoría de "miembro activo" (pagado), no me respondió y me quedé con las ganas de conocerlo. Claro que si yo realmente le hubiera interesado, ¡él hubiera pagado sus 25 dólares inmediatamente para poder responder al *e-mail* que le envié!

En el caso de *eHarmony*, Patricia Quinta, recepcionista de banco que reside en Sunny Isles cuenta:

Me atrajo la seriedad en la búsqueda de la posible pareja porque te hacen llenar un test psicológico de 500 preguntas antes de publicar tu perfil. No me importó pagar casi 50 dólares por el primer mes porque yo soy cristiana y estaba casi segura de que la elección que ellos harían por mí sería acertada, pero me decepcionó la lentitud con la que trabajan. Mientras que otras empresas de romance en línea te hacen llegar mensajes y *flirts* diariamente, lo que te mantiene entusiasmada, los de *eHarmony* son tan exigentes en la selección de los candidatos que en un mes puedes tener entre tres y diez potenciales parejas como máximo, de los cuales muy pocos responden a tus mensajes. Otra cosa que no me gustó es que no te permiten ver la foto del candidato hasta que estás avanzada en las etapas de conocimiento mutuo que ellos mismos establecen, a partir de una pauta de preguntas que la pareja se hace y responde de manera obligatoria. Entonces, después de unas dos semanas de estar intercambiando cuestionarios con el hombre que te interesa, puedes ver la foto y ¡guácala era feo y no te gusta! Sientes que estuviste perdiendo tu tiempo ¡y tu dinero!

Alfredo Talavera comenta sobre su experiencia:

Me cambié a *Match.com* porque me lo recomendó un amigo. Resultó interesante responder a los tests de atracción física porque creo que para los hombres ese es uno de los factores más importantes a considerar. Te muestran un montón de fotos de mujeres de distintos tipos de rostros y cuerpos, entonces te piden que comiences a marcar las que te atraen mucho y que hagas clic sobre las que no te interesaría conocer bajo ninguna circunstancia por no parecerte atractivas. Posteriormente, cuando te envían semanalmente la selección de mujeres que responden a tus expectativas, ¡todas te parecen guapas! y además te presentan el porcentaje en que cada una de ellas se adecua a lo que buscas. Súper eficiente, ¿no?

Interesante perfil de los usuarios del romance en línea

La mayoría de los usuarios de estos servicios son adultos divorciados de entre 35 y 45 años, de acuerdo a las estadísticas de *Nielsen Ratings*.

Según Mario Gomes, ejecutivo de *LivingDating.com*, en su sitio *web* priman los adultos de más de 30 años y en promedio hay un 60% de hombres y un 40% de mujeres. "La inferior cantidad de mujeres se debe a la mentalidad femenina que todavía no es tan liberal como la de los varones", afirma.

Pero también los hay muy jóvenes, como es el caso de Katty Simons, estudiante de *Barry University*, quien llenó sus datos para colocar su perfil en los *Personals* de *Yahoo.com*, cansada de estar aburrida y de no encontrar pareja."Yo sólo quería probar en qué consistía ese asunto", dice Katty. "Además éste es el método perfecto para conocer gente en el caso de personas tímidas como yo", agrega.

La mayor parte de usuarios de estos servicios, mayores de 30 años, y que ya han pasado por una experiencia matrimonial, tienen conocimiento de la importancia de preguntar cosas tan elementales como si al otro le gustan o no las mascotas, qué opina de compartir los quehaceres domésticos o de qué manera manejaría sus finanzas en caso de casarse. El hacer este tipo de preguntas, y otras más que permitan conocer a la posible pareja, puede obrar maravillas en favor de una relación seria.

En un estudio reciente, la Dra. Mónica Whitty, de la escuela de Psicología de *Queen's University*, entrevistó a 60 participantes usando un portal de romance en línea llamado RSVP. Su investigación descubrió que gente de todas las edades estaba ingresando a Internet en busca de pareja. "Mis datos sugieren que diversas categorías demográficas están acudiendo a estos sitios por distintas razones, siendo una de las principales que la gente no tiene tiempo para encontrarse con otros solteros en ambientes que propicien el mutuo acercamiento", opina la Dra Whitty. "Muchos hubieran tirado por la borda toda posibilidad de encontrar pareja si no fuera por la ayuda del Internet", concluye.

Mario Gomes, de *LivingDating.com* opina que su servicio resulta sumamente satisfactorio para sus clientes, quienes registran un 80% de satisfacción al encontrar lo que estaban buscando en su sitio. El ejecutivo cree que la mayor parte de los clientes no va en busca de relaciones duraderas sino de amistades, basados en el deseo de conocer más y más personas del sexo opuesto afines a ellas y que, como resultado de tal conocimiento, se pueda encontrar pareja en un futuro mediato. "Si se me pide que dé una cifra, yo diría que el 10% de nuestros usuarios terminan casados, un 50% establece relaciones amorosas de tipo platónico sin conocer físicamente a la otra persona y un 30% llega a la fase de la cita o *date*. Y creo que esto se debe a que el interés principal de los usuarios es pasarla bien, conocer y contactar gente de forma virtual, sin tener que dar el salto a un compromiso real", remarca el empresario.

Una de las empresas más serias y grandes de este negocio, *eHarmony,* realizó en junio de este año una encuesta entre 500 solteros de 25 a 54 años de edad, cuyos resultados sorprenden hasta a los más incrédulos.

El amor continúa siendo una prioridad para los solteros muy ocupados. El 68% de los hombres y mujeres encuestados declaró estar buscando "el verdadero amor" de su vida y no sólo, simplemente, una "cita" más para su agenda.

Los solteros reconocieron las ventajas de las citas virtuales. El 70% de los encuestados consideró que una de las mayores era la posibilidad de "pre-calificar" a los posibles candidatos para posteriores citas. El 63% dijo creer firmemente en la idea del "alma gemela", la cual, dicho sea de paso, podía ser descubierta en Internet más fácilmente que en cualquier otro lugar.

El 88% de los encuestados afirmó no mentir en la descripción que hacían de sí mismos en sus perfiles o avisos promocionales y un 6% reconoció que sólo había usado algunas mentiras blancas para despertar el interés de más gente.

Según datos proporcionados por *eHarmony* para inicios del 2004, alrededor del 10% de los usuarios de su sitio *web* tiene una edad promedio de 55 años.

Los solteros de hoy se están convirtiendo en personas cada día más prácticas cuando se trata de participar en el divertido juego del romance en línea. Por eso no resulta sorprendente que la mayoría se enganche en flirteo virtual, visite foros de chat para concretar citas y utilice los *e-mails* para profundizar una relación amorosa.

¿Será que como bien diría Robert Frost "El amor es un deseo irresistible de ser irresistiblemente deseado"?.

¿Del dicho al hecho hay largo trecho?

Cualquiera podría suponer que una cosa es flirtear por Internet y una muy distinta conseguir a la pareja anhelada. Sin embargo, un reciente estudio encargado por el principal sitio de Internet dedicado a las citas virtuales, *Match.com*, concluye con datos reveladores. En enero del 2004 una muestra de 800 parejas de casados fue dividida en dos grupos de análisis: los que se habían enamorado en *Match.com* y aquellos que se habían conocido por cualquier otra vía que no fuera el *online dating*.

El 11% de las parejas casadas que emplearon el servicio de *Match.com* revelaron estar enamoradas desde antes de encontrarse cara a cara. El estudio descubrió que el 72% de estas parejas tuvieron una etapa de cortejo de menor duración que la de aquellos que no se conocieron a través de Internet, y contrajeron matrimonio en el plazo máximo de un año; mientras que apenas 36% de las parejas que no usaron el servicio se casó dentro del mismo plazo.

Más de la mitad de los usuarios de *Match.com* tienen amigos, colegas o familiares que también han conocido a su pareja a través de Internet. "Basados en datos estadísticos confiables podemos calcular que más de la mitad de los 200.000 miembros de *Match.com* encontraron a la persona que estaban buscando gracias a nuestro servicio en el 2003," sostiene Trish McDermott, vice-presidente de romance de *Match.com*.

Por su parte, Mario Gomes cree que la mayor ventaja que tiene el romance en línea con respecto a otras fórmulas existentes para encontrar pareja, es la posibilidad de "discriminar" antes de decidir con quién chatear, intercambiar mensajes o llamadas telefónicas y finalmente salir en una cita real. "Me parece que hoy en día los adultos que trabajan y que no se sienten cómodos en los bares o preguntando a la mujer que les resulta atractiva en la calle si está comprometida, tienen en el ciberespacio una opción mucho más confiable, útil, práctica, realista y eficiente que cualquier otra", afirma Gomes.

De entre todos los pretendientes que tengo haciendo cola por salir conmigo actualmente gracias al romance en línea, Tom es uno de los pocos hombres que no le teme al matrimonio, a pesar de haber fracasado en la primera oportunidad. Confiesa haber aprendido la lección de manera tal que no está dispuesto a cometer los mismos errores cuando se vuelva a casar. Porque quiere volver a ponerse el anillo en el dedo y despertar todos los días con la misma mujer al lado, aunque su rostro presente algunas arrugas y no tenga un aliento perfumado a primera hora de la mañana. Cree que la mayor parte de los hombres sí le teme al matrimonio, sobre todo cuando estos tienen cierta edad y han sido "marcados" por sus anteriores mujeres.

"La ex se queda con todo aquí en la Florida y es por eso que muchas mujeres hacen carrera de casarse, divorciarse y luego irse con su parte y mucho más de lo que realmente les correspondería" me cuenta Tom mientras chatea desde su oficina.

Tom opina que la mayoría de los hombres siente temor de ser querido por una mujer por lo que posee y no por lo que vale como persona. Los hombres no quieren contar qué poseen, ni cuánta plata tienen en el amor en línea por esta misma razón. Y entonces uno comprende fácilmente por qué la mayor parte de los perfiles no consignan los ingresos del caballero que lo publica, o si incluye alguna cantidad no suele ser la que él verdaderamente gana, sino una cantidad inflada (¡porque gracias a este artilugio más mujeres son atraídas por el supuesto ricachón!).

Recuerdo el caso de Chris, quien colocó como ingresos en su perfil de *Match.com* "más de 150.000" anuales y como consecuencia de ello, según él, recibió una respuesta abrumadora a mensajes y guiños. Cuando él se interesó en una de esas mujeres, con quien tuvo algunas citas, le confesó que ganaba menos de la mitad de esa cifra. Entonces, la supuesta dama se levantó de su asiento, en medio de la cena en el restaurante fino en el que se encontraba y le dijo que no salía con pelagatos y que no quería volver a saber de él nunca más.

Tom sostiene que los hombres solteros presentan un temor similar al de los que ya estuvieron casados porque han visto los fracasos matrimoniales de sus amigos, familiares y vecinos y no quieren ser partícipes de algo parecido. Más aún sabiendo que pueden quedarse "en la calle" porque la mujer lleva las de ganar en los juicios de divorcio.

Pero claro que también los hay sinceros, honestos y veraces inclusive en el terreno de lo que ganan. Pero he podido constatar, después de mucho indagar sobre el tema, que éstos últimos son una ínfima minoría, lamentablemente.

Cuando le pregunté si preferiría convivir con una mujer por un año o más antes de casarse, me contestó algo bonito e inteligente:

"Yo aceptaría algo así pero haciéndole saber la fecha de nuestra boda antes, porque no esperaría que ella iniciara feliz la etapa de convivencia sin saber si se casaría finalmente o no".

No sabría decir si estaba adecuando sus respuestas a mí (conociendo de antemano lo que yo preferiría oír) o me contestaba sinceramente, pero esta última frase me encantó y demuestra que algunos hombres tienen clara la idea de lo que las mujeres necesitan.

En su opinión lo importante es que la pareja adopte una opción de compromiso mutuo, sea que decidan casarse o sea convivir bajo el mismo techo; la que supondrá que ya no podrán salir con otras personas sino que se concentrarán el uno en el otro.

Un mercado altamente competitivo

Desde enero del 2003 hasta enero del 2004, han aparecido más de 200 nuevos sitios dedicados al *online dating*, según datos de *Hitwise Co*. Sin embargo, el 60% del tráfico de mensajes sigue concentrándose en los diez sitios más frecuentados por los cibernautas. El principal es *Match.com*, al cual se suscriben 60.000 nuevos miembros mensualmente.

"Lo más impresionante es que un 60% de los que se han incorporado recientemente, desde inicios de año, son profesionales urbanos, bien educados y con un buen nivel socio-económico", afirma Samantha Bedford, ejecutiva de *Match.com*.

Por su parte, Trish Mcdermott, Vicepresidenta de la misma empresa declaró al programa periodístico más prestigioso de la TV norteamericana, *60 Minutes*, en un reportaje dedicado al tema y transmitido el 28 de abril de 2004 en horario estelar, que en el año 2003 *Match.com* registró ingresos por más de 185 millones de dólares.

Según información proporcionada por la propia empresa, entre los años 2000 y 2003 sus ganancias se incrementaron en más de 600%, de $29.1 a $185.3 millones de dólares. Y en los primeros cuatros meses del año 2004 las ganancias ascendían a $48.8 millones de dólares, contando con más de un millón de clientes a nivel mundial, lo que convierte a esta empresa en la más grande en su rubro.

Así, mientras los tres sitios que registran mayor cantidad de visitantes: *Match.com*, *Yahoo Personals* y *AmericanSingles.com* acaparan casi la mitad del total del negocio, hay una legión de competidores cuyo número se incrementa diariamente.

El "*online dating* se ha vuelto un fenómeno extraordinariamente popular," sostiene Gail Laguna, portavoz de *MatchNet.com* en Miami, empresa que controla ocho servicios de citas virtuales y ha visto cómo sus miembros han crecido de cinco millones a finales del año 2003 a seis millones apenas tres meses después.

Entre los cientos de sitios dedicados a este negocio, la especialización comienza a hacer de las suyas. Estos se agrupan por religiones, profesiones, aficiones y sexos (los hay también para homosexuales).

Otra empresa que, junto con *LivingDating.com* tiene sus instalaciones principales en la Florida, es *Webdate*, un sitio de citas dedicado a promover la diversión y la aventura entre los heterosexuales, que acaba de trasladar sus oficinas a *South Beach* en Miami. "Nuestra reubicación es estratégica considerando que buscamos servir a la comunidad de los "*hip*" and "*chic*" y nada mejor que este divertido balneario de playa para lograrlo", cree Abe Smilowitz, presidente de *Webdate*. "Nosotros hacemos simple y sencilla la conexión a través de nuestro sitio. Tenemos una ventaja comparativa con respecto a nuestros competidores más cercanos: brindamos el "video chat" a todos nuestros clientes y la posibilidad de incluir un mensaje de voz y un video en su perfil", declara el ejecutivo.

Uno de los fenómenos más interesantes vinculados a este crecimiento explosivo del romance por Internet tiene que ver con la población carcelaria de los Estados Unidos. Calculada en 2,1 millones de personas, cuenta ahora con sitios *web* especiales como *friendsbeyondthewall.com*, *jailbabes.com* y *jaildudes.com*.

Los presos pueden escribir su perfil, adjuntar una foto y esperar a que distintas mujeres, atraídas por el aura misteriosa que rodea a los delincuentes, les escriban. Este tipo de sitio atrae a los presos debido a que la cárcel es un "lugar muy solitario", como declara Stephen Pina, quien está cumpliendo cadena perpetua en el penal estatal Souza-Baranowski por asesinato. "Cuando recibes mensajes de mujeres de distintos estados, te levanta tu autoestima y te dan ganas de vivir", escribió en una carta enviada al diario *The Boston Globe*.

Si de contactos personales se trata, hay sitios *web* para todos los gustos, expectativas y bolsillos. Se calcula que actualmente existen unos 800 portales en Internet dedicados exclusivamente a este negocio.

TIP

Otro consejo elemental para tener éxito en el amor en línea: no se preocupe tanto en conseguir un sitio especializado en citas en línea donde pueda encontrar gente que comparta sus gustos o valores, porque lo más probable es que todos vivan muy lejos de su zona. Concéntrese en buscar el sitio en Internet que le ofrezca la mayor cantidad de candidatos a 30 o 50 millas a la redonda de su casa. Mientras más cerca, mejor.

Una nueva generación de adúlteros

Una de las desventajas de las citas en línea es que se presta para todo, inclusive para que casados se hagan pasar por solteros y salgan con mujeres que no tienen idea que están cometiendo adulterio.

En la sociedad globalizada e informatizada del siglo XXI, donde, según datos del *Global Internet Statistics*, la población que usa Internet ha crecido excepcionalmente en el mundo en menos de una década, pasando de dieciséis millones en 1995 a 680 millones, aproximadamente, a fines del 2003; la infidelidad virtual es una nueva causal de divorcio. De acuerdo al estudio realizado por *Infidelity Check* en el año 2002, (http://www.infidelitycheck.org/other.htm) un tercio de las litigaciones por divorcio se deben a los *online affairs*.

En una reciente encuesta realizada por la Academia Americana de Abogados Matrimoniales, el 62% de los entrevistados respondió que Internet había desempeñado un "rol significativo" en su decisión de divorciarse. En el 68% de esos casos, uno de los cónyuges había encontrado un "nuevo amor" en línea y 56% demostraba un interés obsesivo por la pornografía en Internet.

Alrededor del 80% de los abogados encuestados respondieron que habían incluido "mensajes incriminatorios" como evidencia en los procedimientos legales para obtener el divorcio.

Veamos el testimonio de Marc, uno de los casados que a través del sitio de *Married and cheating* le es infiel a su mujer :

Amo a mi esposa pero este deseo ardiente está en mi naturaleza. Reconozco que, como a cualquier hombre, me encanta flirtear. Además, ¿cómo puedo dejar de probar de la fruta prohibida si Internet me la pone en bandeja?

La abogada Carol McCarthy, quien practica derecho de familia desde hace tres décadas, cree que mientras Internet puede estar sirviendo para conectar a la gente que busca pareja, también promueve de manera renovada un mal muy antiguo: la infidelidad.

La psicóloga Kimberly S. Young, catedrática y autora del libro *Tangled in the Web*, que explora la infidelidad virtual y la compulsión sexual; especula que es más fácil y conveniente ser infiel a través de la *web* que en tiempo y espacio reales. Afirma que este tipo de relación promueve las fantasías sexuales con parejas virtuales que envían no sólo fotos sino que se prestan a "posar" para quien las mira al otro lado de la *webcam*. "El 90% del tiempo en que esto ocurre la esposa está sentada en la habitación contigua viendo televisión", sostiene Young.

La Dra. Beatriz Ávila de la Universidad de la Florida, autora de una reciente investigación sobre la infidelidad por Internet, tuvo que ingresar diariamente a varias de esas salas virtuales con la finalidad de entrevistar a sus usuarios.

Sobre su experiencia señala:

El foro de chat de *Married and Flirting* está siempre lleno de gente, no importa la hora. En días de semana, por ejemplo, cuando yo me conectaba a eso de las 11:30 a.m., que se supone es horario laboral, encontraba siempre un estimado de 1.000 a 1.200 personas chateando allí, lo que nos da un buen indicio del éxito del negocio.

Don, usuario del grupo en línea para casados infieles desde hace dos meses comenta:

Yo califico a mi matrimonio con nota 8 sobre 10, pero lamentablemente mi interés sexual por mi esposa ha disminuido. Estoy fascinado con la idea de que, al clic de un botón, miles de mujeres atractivas y disponibles están ofreciéndose a mi vista, a mi imaginación y a mis deseos de tener una aventura extramarital.

Lo que comienza como cibersexo o flirteo por la red de redes termina en adulterio, más aún cuando los grandes portales de Internet promocionan abiertamente sus nuevos sitios *web* especialmente dedicados a casados que desean ser infieles a sus cónyuges. Los más grandes y conocidos como *www.marriedandflirtingchat.com,* cuentan con decenas de miles de clientes.

Yo elegí el pseudónimo "Just4you" (sólo para ti) porque sé que a las mujeres les encanta la idea de la exclusividad, cosa que no sentimos los hombres, obviamente ¡porque de lo contrario no estaríamos aquí!

Escribe Tommy, usuario de *www.personals.info* agregando *emoticons* risueños a su texto.

Al respecto comenta Reena Sommer, Ph.D., autora del libro *The Anatomy of an Affair* quien, además, responde a consultas en: http://www.chatcheaters.com

El anonimato brinda libertad para expresarse mientras se está oculto e inclusive permite experimentar con facetas desconocidas de uno. La gente puede decir cosas que no se atrevería a revelar "cara a cara". Se sienten protegidos por la distancia. Mientras que, paradójicamente, también están emocionalmente conectados con el otro. El anonimato es catártico y liberador. Los hombres pueden ejercer su rol de "machos" y ejercer el control de la situación tomando la iniciativa.

Según la Dra. Sommer, la conversación se ve constreñida solamente por los límites de la imaginación. Cualquiera puede comunicar sus más locas fantasías sin inhibición alguna. El magnetismo es fuerte. La persona que representa a la pareja virtual logra las más alocadas reacciones en uno. Por ejemplo, la pareja describe escenarios eróticos para que el otro se excite sexualmente. Las descripciones van desde escenas de novelas rosa hasta aquellas de películas eróticas o pornográficas.

En su reciente investigación sobre la infidelidad por Internet, la Dra. Ávila sostiene que "los participantes describen actos sexuales explícitos que conducen a la masturbación mutua". Se consigue entonces una sensación de intimidad, vinculación y proximidad, tanto física como emotiva, que puede servir de base para relaciones de mediano plazo.

"Desear y sentirse deseado: crear la fantasía sexual a partir de la imaginación y del uso de una tecnología a nuestro servicio" es la clave del éxito de estos sitios en Internet, en opinión de Reena Sommer.

De los 86 participantes en la muestra de Beatriz Ávila, el 83% racionalizaba su comportamiento al punto de justificarlo por completo.

La primera razón aducida era la falta de contacto físico. Otra, la ventaja que significaba para el cónyuge el tener a un marido excitado en casa. Los participantes tampoco quisieron reconocer que los encuentros virtuales eran un anticipo de los reales. Y no supieron responder a la pregunta que inquiría por qué si tales encuentros eran inofensivos, tenían que mantenerlos ocultos. Sí apreciaron la ventaja que les daba Internet de no ser vistos por los vecinos o conocidos en sus "escapadas".

"Así, la racionalización es una justificación que ocurre en un contexto donde las consideraciones morales son elementos de peso", sostiene la Dra. Ávila. Pareciera entonces que el ciberespacio da licencia a los participantes para engancharse en actos de infidelidad sin percibirlos como tales. Esto conduce a una "doble vida" donde las creaciones *online* y *offline* son mantenidas tan separadas una de la otra como sea posible.

Y es justamente el descubrimiento de esa vida oculta lo que acarrea en la esposa el mayor dolor e indignación cuando descubre lo que su marido está haciendo a sus espaldas.

LA LEY DEL MENOR ESFUERZO

Así como los usuarios de los servicios tipo *Married but cheating* (casados pero traicionando) aducen que sus matrimonios no funcionan bien, también reconocen que no quieren hacer el menor esfuerzo por buscar su mejoría.

"Mi esposa es la que está casada", afirma Richard, usuario de *www.freeadultsexfinder.com* desde hace un mes, "yo sigo soltero y vengo aquí a escapar de la realidad de un matrimonio totalmente aburrido", concluye.

Algunos de los participantes en la investigación de la Dra. Ávila confesaron recurrir al *affair* virtual para compensar las deficiencias conyugales. De ese grupo, la mayoría dijo buscar esos contactos por "falta de sexo en casa" o por "sexo insatisfactorio".

A la pregunta de por qué recurrirían a la computadora y no a otros métodos para conseguir pareja sexual, los usuarios dieron como principal excusa la ley del menor esfuerzo, respondiendo con frases como las siguientes:

"La computadora está cerca, siempre al alcance de la mano, a cualquier hora", "se puede entrar y salir de ella instantáneamente", "es segura para flirtear porque no se es reconocido y no hay un vínculo real con nadie hasta que uno lo permite", "es un medio menos atemorizante, ideal para los tímidos", "llego a la sala de chat a encontrar lo que no me dan en mi casa", "es una forma de escapismo", fueron varias de las respuestas recibidas.

Otra investigación sobre el tema de la infidelidad virtual, realizada por *Weiner & Davis* en el 2003 descubrió que "una de cada tres parejas tiene problemas de bajo deseo sexual". Estos mismos investigadores señalan que las quejas sobre el "bajo deseo sexual" son el tema número uno tratado en las oficinas de los terapeutas de parejas.

"Ámalas y déjalas", es el eslogan de Martín, quien se autodefine como un esclavo de *www.sexaffair.org*, donde asegura encontrar por lo menos una nueva amante a la semana. "Si mi esposa se enterara, seguro que me pediría el divorcio inmediatamente", agrega sin preocupación alguna.

Por lo visto, los hombres no se han dado por enterados todavía, que para las mujeres la traición por Internet, con la práctica incluida o no del cibersexo, constituye una infidelidad, aunque los participantes no consumen el acto "en cuerpo presente".

La cantidad de divorcios que se registran actualmente en Estados Unidos, por esta causa, nos estaría indicando claramente que las mujeres no están dispuestas a transar con esta nueva modalidad de infidelidad electrónica.

MÍRAME PERO NO ME TOQUES

Según *May & Subotnik*, quienes en el año 2001 propusieron una nueva tipología de amantes: los llamados "amantes virtuales", que pueden ser "el buscador", "el explorador", "el romántico" y "el escapista", el uso de la cámara *web* le otorga un valor agregado, real y excitante al encuentro sexual. En opinión de estos investigadores, el buscador se dedica a navegar y nunca se da por satisfecho, inclusive cuando cree haber encontrado a una mujer que le gusta más que las otras. El explorador tantea, busca, piensa mucho antes de embarcarse con una mujer, pero finalmente aterriza en una concreta. El romántico utiliza los recursos de las novelas rosa para conquistar a sus presas, mientras que el escapista las conquista, las usa y luego las deja en forma rápida y, por supuesto, habiendo mantenido el anonimato todo el tiempo.

"Me divierto y me excito mucho viendo cómo mi enamorada virtual se desviste ante la cámara", se atreve a contar Paul, un francés residente en Nueva York, usuario de *www. datingalert.com* quien viajará pronto a Ontario, Canadá, a conocer a su recién estrenada amante.

La infidelidad virtual estaría dada por el ciber *affair*, concepto tan nuevo que nadie se había atrevido aún a definirlo. La Doctora Ávila Milehan propone en su estudio la siguiente definición:

54

"Es todo aquel contacto virtual, realizado en línea, de preferencia en un foro de chat, que debe mantenerse oculto del cónyuge debido a su naturaleza sexual".

Cuando interviene la cámara *web*, el contacto se torna mucho más intenso y compromete más íntimamente a quienes comparten el chateo virtual. Young sostiene en un estudio académico realizado en el año 2000 que hay tres factores que sirven de soporte al ciber *affair*: el anonimato, la conveniencia y la facilidad para el escape.

El estudio de la Dra. Ávila comprendió una muestra de 86 participantes, de los cuales solo diez eran mujeres, que utilizaban los sitios de *Yahoo* y *MSN* y respondieron a un cuestionario de preguntas abiertas después de haber alcanzado cierto grado de confianza con la investigadora. La edad promedio de los usuarios era de 42 años, teniendo 66 el mayor y 25 el menor. Todos reconocían su estado civil de casados sin la menor reticencia.

El 70% se encontraba a la búsqueda de un *affair* mientras que el otro 30% ya lo había concretado con una de las personas con las que había chateado anteriormente. Los participantes del estudio provenían de una gran variedad de profesiones y oficios: amas de casa, trabajadores de la construcción, empleados públicos, ingenieros, enfermeras y presidentes de grandes corporaciones, entre otros. Tal diversidad demuestra la forma en que Internet amalgama diversos niveles socio-económicos y educativos, lo que le brinda a la escena cultural del ciberespacio mayor riqueza y complejidad.

El triste testimonio de Mónica es la cronología de un largo romance *online* con final decepcionante. De las decenas de testimonios que recogí a lo largo de mi investigación periodística para la revista en la que laboro, uno tocó mi corazón de manera especial por tratarse de una mujer que, habiéndose enamorado en línea de un hombre que le ofreció el oro y el moro, fue a visitarlo a su país de origen y luego de dos días y medio de compartir difíciles momentos a su lado, y de derramar muchas lágrimas de regreso a los Estados Unidos, sintió que ningún hombre al que sólo se conoce en línea, por más enamorado que parezca, es digno de confianza.

Además, hay que considerar que en el agitado mundo de las citas, muy pocos romances son color de rosa, como tampoco lo son en la vida real. Testimonios como el de Mónica, quien ahora no cree más en las relaciones a larga distancia, nos sirven para confirmar lo que ya sabíamos. No en vano reza el popular dicho: "Amor de lejos... felices los cuatro".

He aquí la lección aprendida que ella tiene para contarnos:

Antonio fue mi primer enamorado en línea. Lo conocí cuando todavía no había decidido corresponder con alguien que no viviera en mi zona. No me importó que residiera en el extranjero y yo en el sur de los Estados Unidos. Comencé a desarrollar una comunicación diaria con él basada en *e-mails* y chateos que se extendió varios meses. El y yo sentíamos una química fabulosa a través de nuestras conversaciones en línea y llamadas telefónicas. Sabíamos que nos íbamos a atraer inmensamente cuando nos viéramos y así fue. Yo había aceptado hacer la primera visita porque él tenía muchos problemas. Fui a su país llena de ilusiones y esperanzas. Mi corazón latía irrefrenable porque el tiempo de romance en línea había sido demasiado largo y, la verdad sea dicha, yo no quería seguir esperando.

Pero Antonio se hizo esperar aquella tarde. Cuando salí por la puerta del hotel hacia el estacionamiento, él había ubicado su auto lejos, tal vez intencionalmente, para tener la posibilidad de observarme más y mejor mientras caminaba a su encuentro. Nos miramos con algarabía, abrimos los brazos para abrazarnos fuertemente y él me cargó levantándome en el aire. Luego me tocó las nalgas y las piernas mientras me llevaba cargada en brazos hacia el auto.

Me dijo apasionadamente: "Al fin, bella mía, cuánto he esperado por este momento" a lo que yo respondí: "sí, mi amor, finalmente nuestro sueño se hizo realidad" y nos dimos un beso rápido. Fue uno de los contados besos que me dio y tal vez porque yo se lo robé. Su manera de besar me decepcionó. No me derretía entre sus brazos como supuse iba a ocurrir. ¿Era ese hombre el romántico y apasionado con quien yo había tenido un romance por Internet de más de 8 meses de duración?

Una vez en el auto contemplé detalladamente sus facciones y me gustó como hombre. Sus ojos verdes, que nunca llegué a distinguir bien a través de la *webcam*, me parecieron preciosos. Lo mismo la forma de su rostro, su nariz y su boca. No es de esos hombres guapos que sirven de modelos de TV o publicidad pero me resultaba atractivo, muy atractivo, a pesar de su estómago bastante abultado (único defecto físico que le encontré), según él como producto de la musculatura desarrollada con el ejercicio, según mi opinión por la mucha cerveza y el exceso de comida.

Me llevó a dar un paseo en su auto por la ciudad. En cada semáforo aprovechaba para tocarme las piernas o poner su mano sobre mi calzón, entrando por debajo de la falda, cosa que yo no le permitía diciéndole: "¡No seas fresco, Antonio, recién acabamos de conocernos y ya eres tan directo!". Él me contestaba con frases que demostraban su interés por poseerme lo antes posible. Así fue que, seducida por sus caricias, acepté regresar al hotel a cambiarme para luego ir a comer a un restaurante elegante y luego seguir paseando por la ciudad.

Cuando entramos a la habitación, bastó con que nos quitáramos los abrigos para que Antonio se me echara encima con la furia del volcán en erupción que él mismo había presagiado. Nos comenzamos a desvestir velozmente. Y me llevé dos sorpresas cuando descubrí las dimensiones de su vientre y de su pene, pues los dos eran mucho más grandes de lo que yo esperaba. Me empujó sobre la cama con fuerza e intentó acariciarme el clítoris en el primer momento. Le anuncié que me parecía un avance muy prematuro y que debía tenerme paciencia, pero él no lo entendió así, tal vez porque el pobrecito estaba como caballo loco, desbordante de pasión contenida por el tiempo en que había soñado con hacerme el amor. La primera relación fue tan rápida que casi no la recuerdo. Llegó a la velocidad del rayo, claro está. Se puso el condón a los 3 ó 4 minutos de haber iniciado el acto sexual y eyaculó con mucha fuerza. Todo el tiempo en que estuvo dentro de mí no sentí placer sino dolor. Pero pensé que era porque acababa de salir de la menstruación (justo el día anterior) y eso suponía cierta demora en la excitación. Decidimos tomar un baño de *jacuzzi* juntos antes de salir a comer. Entonces estuvo un poco más amoroso conmigo pero evitó besarme en los labios. Luego nos duchamos juntos entre abrazos y arrumacos y a la salida de la ducha me penetró otra vez anunciándome que serían varias las veces en que haríamos el amor ese día. La segunda penetración fue igual de dolorosa pero imaginé que cambiaría, para mejorar, si yo le revelaba lo que me gustaba en materia sexual. Eso hice en cuanto me fue posible, él escuchó y no comentó nada al respecto. Al regreso de la cena y de una larga caminata por la ciudad, bajó su maleta al hotel porque venía a pasar esos 2 días conmigo, dejando de lado su trabajo y otras actividades.

Yo le sugerí que mejor regresara a dormir a su casa pues me parecía demasiado osado que pretendiera hacerlo ese día, acabando de conocerme en persona, pero me respondió que no le quedaba otra salida pues su casa se hallaba a una hora de ida y otra de regreso y su auto además se encontraba en tan mal estado que podía quedarse plantado en mitad del camino. Además, no quería gastar en gasolina.

Antes de regresar al hotel, él había comprado una botella de vino, que fue lo único que pagó con su dinero durante toda mi estadía. El resto de las cosas: las comidas diarias, el agua embotellada, la gasolina para el auto y hasta una cajetilla de cigarrillos de marca importada, las pagué yo, sin chistar, a pesar de que me parecía incorrecto. Me dejó con un sabor amargo cuando me pidió que pagara la multa que le habían puesto por estacionar su auto sin poner ninguna moneda en el parquímetro. Era su responsabilidad... ¡y era yo la que tenía que pagar la papeleta! Y me salvé de una peor al día siguiente pues no accedí a su deseo (no explícito pero bastante evidente) de que yo le comprara un repuesto para su auto que estaba malogrado y en el cual planeaba llevarme a recorrer la ciudad. Su excusa era que se podía quedar plantado en el camino. Yo le dije que no era necesario porque yo había venido a estar con él, no a hacer turismo. Cuando le insistí que quería conocer su casa, me dio otro pretexto como respuesta: "está muy lejos de aquí y necesitamos reparar el auto primero". Con esto terminó por desilusionarme y se salió con la suya. Más excusas no podía inventar. Era evidente que algo sucio se traía entre manos.

La frescura de Antonio me dejó ingratamente impresionada. Pero más me chocó mi propia estupidez. Pues mi acostumbrada bondad salió a relucir al momento de pagar las cuentas ya que él se quejaba de andar en graves problemas financieros. Mi generosidad y poco interés por el dinero me traicionaron una vez más. Ya había gastado tanto por causa de Antonio y lo seguiría haciendo inclusive a pesar de lo mal que nos estaba yendo en materia sexual.

Tal como me habían prevenido mis amigas, podía ser que Antonio fuera el típico *gigoló* que se aprovecha de las mujeres con dinero a cambio de brindarles su compañía y sus favores sexuales. Esa idea me había pasado por la cabeza antes pero la descartaba con el siguiente argumento: ¿qué *gigoló* aguanta ocho meses y medio de chateo para sacarle plata a una mujer pudiendo hacerlo más fácilmente con otras ubicadas más a su alcance? ¡Vaya una a saber! Lo cierto es que he desconfiado y seguiré desconfiando de sus supuestas intenciones hacia mí porque siempre sospeché que había gato encerrado o algo oculto, nada bueno.

¡Cuánto he sentido mi primera gran decepción amorosa en el amor en línea! He llorado con pena, con indignación, con desconsuelo, sabiendo que había depositado mi ilusión y mi esperanza en esta relación y dejado pasar otras posibilidades, para terminar así tan "usada", como objeto sexual y como proveedora de dinero rápido. Recuerdo un momento en que Antonio me llevó a una tienda de ropa para hombres tanteando la posibilidad de que le comprara un traje para ir a cenar a un restaurant de lujo conmigo. Claro, un *gigoló* debe de estar acostumbrado a esto, ¿no? A sacar provecho de las mujeres solas, desesperadas y engatusarlas con sus dotes de galán italiano. He llorado porque le creí demasiado y porque me creía esa "historia de amor" que escribimos juntos, él por interés y yo por ingenuidad.

Bien dice el refrán que con golpes se aprende en esta vida. Durante el segundo día hicimos el amor dos veces, una por la mañana y otra por la noche y Antonio fingió hacer algunos intentos por complacerme (sin conseguirlo, por cierto).

¿Cuánto de sinceridad habría en su deseo de hacerme su pareja y cuánto de interés o conveniencia? Ya no vale la pena intentar averiguarlo. Ya no importa qué parte de su historia es verdad o es mentira. Lo cierto es que el desenlace no fue de cuento de hadas y mi príncipe se convirtió en sapo sin posibilidad alguna de que un beso de amor lo redimiera porque ¡ni siquiera sabe besar!

Ahorró en masajista gracias a mí y comió de lo lindo. Llenó el tanque de gasolina de su auto y hasta compró una cajetilla de cigarrillos finos que me aseguró eran para su jefe Kerry, el amigo al que iba a mentir diciéndole que había estado trabajando cuando en realidad estaba conmigo. Me di cuenta también de que mentía con suma facilidad cuando en cada lugar turístico que parábamos aprovechaba para ofrecer sus servicios como guía, para lo cual se jactaba de tener un grupo grande de clientes. Tal vez más que un mentiroso, Antonio es un charlatán, de esos que inventan historias para crear una imagen positiva de sí mismos ante los demás. Mi ex galán reconoció que uno de sus mayores defectos es la falta de disciplina (lo que podría traducirse en que es un hombre flojo, al que en el fondo le pesa trabajar).

Una vez dijo algo que me dejó helada: "tú vas a trabajar para mí...Yo voy a ser tu dueño". ¡Peor que un señor de la Edad Media! Pues bien, él decidió regresar temprano del restaurant, supuestamente para despedirnos haciendo el amor, cuando ya en la puerta del hotel, antes de bajar del auto, le dije:

—Antonio, te tengo una mala noticia...

—¿Qué? ¿Me vas a dejar porque no sé besar? —preguntó con tono arrepentido de niño bueno haciendo pucheros.

—No, te voy a explicar por qué me siento decepcionada. Por dos razones que me han conducido a tomar una decisión con respecto a nosotros.

El puso su mano sobre mi pierna y me miró con rostro compungido.

—Lo primero que no me gustó fue que me hayas hecho pagar todos tus gastos. Yo gasté mucho en el pasaje, el hotel, los taxis, como para tener que asumir cosas que sólo te correspondían a ti: como la gasolina para tu auto y la multa que te puso la policía por estacionar sin pagar.

—Bueno, Mónica. Ocurre que tú ya sabías que me encuentro atravesando por una muy difícil situación financiera yo ya te lo había explicado...

—Sí, pero no hasta el punto de tener que correr con todos tus gastos, Antonio. Lo lógico es que sea el caballero el que pague las cenas o en último caso, que la pareja se divida las cuentas por la mitad.

—Discúlpame, no fue intencional. Además, yo creía que ya habías cambiado y que ahora eras una mujer moderna.

—Sí, Antonio, moderna para algunas cosas (pero no tonta) y tradicional para otras, como aquellas vinculadas al sexo y al amor.

—No pensé que te fuera a molestar o que lo fueras a tomar a mal, pero ya vendrán tiempos mejores en que yo pueda pagar por ti —replicó.

—Bueno, pero eso no es lo más importante Antonio —continué— el verdadero problema está en el aspecto sexual donde tú y yo no somos compatibles.

—Pero somos compatibles en tantas otras cosas —interrumpió.

—Sí, pero no en lo más importante, como tú mismo me lo dijiste tantas veces: "Falta culminar nuestra relación en la cama para ver si nuestra relación tendrá futuro". Y hoy te doy la razón.

—Pero yo creí que te había gustado. Dime en qué fallé —preguntó aparentando preocupación.

—Te lo dije desde nuestra segunda relación sexual. Yo necesito ser excitada, ser preparada, llegar húmeda y lubricada a la penetración, porque de no ser así lo más probable es que no disfrute nada y peor contigo, pues eres demasiado grande para mí. Sentí dolor, Antonio, y veo que el sangrado que se produjo no es sólo producto del término de mi regla el día anterior, sino también consecuencia de tus movimientos tan bruscos.

—Pero me hubieras dicho qué querías que hiciera yo en esos momentos —agregó avergonzado.

—Lo hice... ¿no recuerdas que te dije todo esto y también lo relacionado con mi estilo dulce y delicado de hacer el amor? Te dije cómo me gusta ser acariciada y besada pero lo hiciste a la loca, sin tomarte el tiempo para excitarme, sin preocuparte por si lo estaba o no.

—Lo que pasa es que teníamos poco tiempo, estábamos apurados —comentó buscando otra excusa para su colección.

—No, no lo estábamos. Lo que sucedió es que te comportaste egoístamente, buscando sólo tu propio placer y te olvidaste del mío, el mío no te importó ni siquiera un poco. Además, creo que tu estilo de hacer el amor es tan salvaje que no necesitas una mujer buena como yo a tu lado. ¡lo que necesitas es una puta! —le dije en tono concluyente mientras intentaba reír para disimular la contundencia de la frase que acababa de lanzarle.

—No, eso sí que no —respondió sin el menor rastro de cólera o molestia, tal vez porque sabía que de estos últimos minutos dependerían muchos de sus futuros negocios conmigo.

—Pero un asunto así tiene solución, mi amor. No es un problema tan grave —agregó queriendo establecer un puente.

—No sé qué decirte, Antonio. La verdad es que no creo que puedas cambiar.

—¿Cómo? Claro que podría, por tí lo haría...

—Lo que pasa es que tu estilo es muy diferente al mío. No somos compatibles en el plano sexual y tú sabes cuán importante es éste en la relación de pareja.

—Pero hay química entre nosotros y también hay atracción sexual —replicó.

—Sí, pero en la cama no funcionamos.

—Yo cambiaré por ti y aprenderé todo lo que sea necesario para complacerte.

—No creo que sólo dependa de eso, porque el problema es fisiológico, tu pene es descomunal y mi vagina es muy estrecha.

—Entonces, ¿qué me estás queriendo decir? ¿Te parece que me opere y me achique el pene, tal vez? —preguntó con cierta dosis de sarcasmo insolente.

—Te estoy queriendo decir que mejor quedamos como amigos, Antonio. No le veo más futuro a nuestra relación.

Luego, un tanto acongojada porque todas las ilusiones que yo había depositado en nuestro enamoramiento se estaban acabando, le pedí que me perdonara, le di un beso en la mejilla y me bajé del auto.

Sentí que el asunto le estaba doliendo. ¿Sería tan buen actor como para aparentar también eso?

Al cabo de unos minutos me llamó a la habitación del hotel para tratar de cambiar mi opinión, pero como no pudo lograrlo terminó aceptando que podíamos quedar como amigos y me aseguró que en él tenía alguien con quien podía contar, un hermano, un amigo incondicional.

Lloré sin parar de regreso a Estados Unidos. Parezco un alma en pena. Siento que perdí al gran amor de mi vida, a los dos días de encontrarlo en persona.

¿Será que el amor es tan ciego que no quiere reconocer cuando las intenciones del ser amado no son lo buenas y honestas como deberían ser? Pero también cabe la posibilidad de que me esté equivocando al juzgarlo tan duramente. Tengo sentimientos ambivalentes, contradictorios, y dudo, dudo mucho. Por último, y tal vez esto sea lo más importante, no logro sacármelo de la mente y del corazón ni por un segundo. ¡Parece que me hubiera hechizado!

Y como Mónica, muchas. Son cientos de miles las que invierten incontables horas en una relación en línea para luego descubrir que fue tiempo perdido, que no valió la pena. Mujeres ingenuas, desesperadas, enamoradas del amor. Como Mónica, muchas. Porque, lamentablemente, ella NO es una en un millón. Y el problema continuará mientras el amor siga siendo, como diría Robert Frost, "ese deseo irresistible de ser irresistiblemente deseado".

Las decepciones a las que el romance en línea expone a sus usuarios son las mismas de aquellos que buscan pareja por otros medios.

Las dos personas que intercambiaron mensajes, dialogaron en un foro de chat, se enviaron fotos, se vieron mutuamente a través de una cámara *web* y conversaron interminables horas por teléfono, no podrán saber si de verdad son el uno para el otro mientras no se hayan encontrado en persona, cara a cara, o más aún, mientras no hayan tenido un encuentro sexual que les permita saber si podrán tener éxito como pareja en la cama.

Claro que lo de las decepciones se aplica para aquellos que están buscando una persona en especial, porque imagino que habrán muchos hombres y mujeres utilizando citas en línea para encontrar pareja por un tiempo corto (en la medida en que se gusten y se aguanten) o hasta por una sola noche. En tal caso, las decepciones deben ser prácticamente inexistentes porque las expectativas son muy bajas. No creo tampoco que estos buscadores de romance o sexo de corto plazo disfruten mucho de la inestabilidad que produce el saber que no cuentan con una pareja que los ame de verdad, incondicionalmente, "para toda la vida", porque sus relaciones efímeras y superficiales no dejan huella ni marcan sus vidas, pero allí siguen empeñados en no comprometer sus corazones en nada que se parezca al amor verdadero.

Obviamente, éste no es el caso de mujeres como Mónica, que por el contrario, entraron al romance en línea en busca de la pareja ideal para casarse. Su relación de ocho meses y medio con Antonio terminó en triste decepción amorosa por una causa que nunca hubiera imaginado posible: incompatibilidad sexual. Desafortunadamente, Antonio se comportó con ella como el típico hombre egoísta que cuando hace el amor sólo piensa en su propia gratificación, en la búsqueda de su propio placer. La decepción fue mayor aún porque no cumplió con lo que había prometido y que fue lo que la animó a decidirse y viajar a su país, Paraguay, en cuanto obtuvo el permiso de viaje.

Le había ofrecido ser tan buen amante que nadie podría comparársele. Cuando chateaban le decía reiteradamente que quería besar todo su cuerpo, cosa que no cumplió. Tampoco cumplió con los besos en la boca, tiernos y largos, con los que supuestamente había soñado tanto. El tipo de relación que establece con "su" mujer de turno es la del típico machista autoritario que desea una mujer sumisa, sometida a satisfacer sus deseos y necesidades. En la cama se comportó tan "salvajemente" con ella practicando un estilo de hacer el amor tan apresurado, delirante y brutal que lo único que Mónica pudo sentir fue cierta dosis de temor y algo de dolor con sus penetraciones en su vagina seca por falta de preámbulo sexual.

Nos queda claro, luego de esta aleccionadora experiencia, que no se puede saber si habrá compatibilidad sexual basándose solamente en la atracción física o en la química existente entre dos cibernautas que han intercambiado fotos y se han visto por cámara *web*. Mónica pudo haber salido más trasquilada aún de este encuentro, pero la lección que aprendió valió la pena.

Voces encantadas y desencantadas

Entre los que acuden a los servicios del *online dating* se encuentran los buscadores de "mente racional". Este es el caso de Edgardo Garcés, ingeniero venezolano residente en Miami quien prefiere pagar por un método más seguro de encontrar mujeres que sean compatibles con él y llenen sus expectativas.

"A mí me interesa contar con un servicio eficiente, de mayor trayectoria, aunque sea más caro. Por eso terminé optando por el que cobra $25 dólares mensuales después de haber experimentado con los más baratos, que no me dejaron conforme, ni satisfecho".

En el grupo de los racionales sobresalen los hombres mayores de 40 años que desean un compromiso serio. Tim Mills, soltero que bordea las cinco décadas de vida, residente en North Miami Beach y profesor de Matemáticas de colegio público, considera que no le queda otra salida que suscribirse a este servicio mes tras mes.

"Es la falta de tiempo lo que me impide buscar situaciones sociales en las que podría, con cierto esfuerzo, encontrar a la mujer ideal para mí. Entonces, al ingresar al sitio virtual, sé que las señoritas que publican sus perfiles están disponibles, a la espera de encontrar a su pareja perfecta". "A mí me ha ido muy bien en cuanto a encontrar amigas, pero hasta ahora no ha funcionado la química con ninguna de ellas y tal vez se deba a que soy tímido por naturaleza".

Para Tom Remy, farmacéutico de 38 años que emplea el servicio desde hace año y medio, no todo es tan bueno como parece.

"La mayor desventaja que muchos hombres le encuentran a estos sitios virtuales es que la apariencia física de las que publican sus avisos no puede ser juzgada por sus fotos. Muchas mujeres mienten en dos aspectos importantes para el hombre: su edad y su peso. Pero sé que también actúan así muchos hombres y que a las mujeres tampoco les gusta ser engañadas de esa manera".

Lo mismo opinan desde la otra orilla las damas desencantadas. Tal es el caso de Carolina Corrales de 33 años, quien trabaja como secretaria en una empresa editorial.

"Me he llevado muchas sorpresas desagradables en citas con hombres que publicaban fotos de unos diez años de antigüedad. En las fotos se veían guapos, delgados, jóvenes y en persona lucían totalmente diferentes. Uno de ellos pesaba 30 libras más que en la foto de su perfil. Así que decidí comprar una cámara *web* para asegurarme de que fueran lo que decían ser, por lo menos físicamente hablando".

Según Álvaro Talavera, colombiano de 35 años, que cuenta con una maestría en contabilidad, son muchos todavía los que no pueden publicar fotos debido a que no cuentan con la tecnología apropiada para hacerlo, como una cámara digital y un *scanner*.

"Los que logran incluir sus fotografías tienen que atenerse a los requerimientos de los sitios *web* en cuanto al tamaño de éstas, que generalmente deben ser pequeñas. Al tener que reducirlas, las fotos pierden calidad y terminan dando una impresión distorsionada del rostro o el cuerpo de la persona que la incluye en su perfil. Por eso, yo me guío más por lo que la cámara *web* me dice que por las fotos. Si no fuera por la ayuda de esa camarita, yo habría gastado mucha plata en invitar a salir a mujeres que me hubieran decepcionado desde el punto de vista del atractivo físico". "Pero para eso está la tecnología, ¿no? para servirnos, para ahorrar tiempo, esfuerzo y dinero".

Así, hombres y mujeres racionales hacen uso de la tecnología a su alcance para encontrar pareja. Mientras tanto, los usuarios más "emocionales", según la tipología establecida por la Dra. Beatriz Ávila de la Universidad de la Florida, no se fijan en detalles como los anteriormente citados sino que se concentran en lo interesante que resulta la experiencia del romance en línea. Gary Russell, residente de Hollywood, Florida, y jugador de tenis con 20 años de trayectoria en el deporte, ha tenido encuentros sumamente favorables con mujeres interesantes.

"Pero todavía no llega mi alma gemela. Yo me dejo guiar por lo que ellas me cuentan mientras chateamos y por el *feeling* que me producen sus perfiles y sus fotos. El encanto que tiene chatear antes de la cita personal te permite conocer mejor a quien luego encontrarás frente a frente y ¡esto no tiene precio!".

Amy y Domingo Cabrera se conocieron hace dos años a través del *online dating*, se casaron, se consideran felices y recomiendan la experiencia a todo aquel que quiera experimentar el desafío de enamorarse a distancia.

"Nosotros no nos dejamos llevar por la razón, porque cuando nos conocimos en el sitio *web* vivíamos muy lejos el uno del otro y no teníamos posibilidad de vernos inmediatamente, pero dejamos que el corazón hiciera su parte y al final yo me mudé de Los Ángeles a Miami para casarme con Amy. Cada uno descubrió en el otro a su alma gemela después de varios meses de mensajes, chateo y llamadas telefónicas". "Cuando Domingo vino a visitarme la primera vez, parecía que nos conocíamos de siempre. Fue sencillamente maravilloso, de película", concluyó Amy.

Diferente es la experiencia de Steve Collins, residente de Miami Gardens, quien a sus 45 años dice no haber encontrado más que mujeres mentirosas e interesadas al usar el servicio.

"Yo soy un hombre muy apasionado y romántico, por eso elegí este método para buscar a una buena mujer. Conocí 3 que se presentaron como solteras y resultaron casadas. El problema es que te lo confiesan un poco tarde, cuando la relación está ya bien avanzada. Otras eran mucho más gordas y tenían más edad que lo que se veía en las fotos. Estoy tan decepcionado del servicio que ahora que se termina el último mes que he pagado, no pienso renovar".

Rosy Robles tuvo la suerte, según ella misma califica al hecho, de encontrar a su actual esposo usando los servicios de un sitio *web* durante algunos meses.

"Me fue tan bien que ni yo misma podía creerlo. No me demoró más de 10 semanas encontrar al gran amor de mi vida y ahora, cada vez que alguien me pregunta si ese servicio sirve o no, respondo que en mucho depende de la suerte pero también de cuánta fe una tenga, porque si no crees que vas a tener éxito en lo que persigues, mejor ni te metas. Hay que dejarse guiar por el corazón, por el sexto sentido, por la intuición y desarrollar la relación a partir de esa comunicación escrita que te permite conocer bien al otro".

Kirk Stuart, vive en New Smyrna, Florida, y a sus 41 años confiesa haber tenido experiencias muy diversas gracias al romance en línea.

"Me casé con una mujer de nacionalidad rusa a quien conocí en un sitio *web* que te da la posibilidad de interactuar con personas de otros países. Ella hablaba poco inglés pero lo fue aprendiendo conmigo. Después de siete meses de romance virtual la fui a visitar y nos dimos cuenta de que estábamos enamorados. Nos casamos y vivimos bastante bien durante tres años hasta que decidió dejarme por un hombre con más plata. A pesar de esa decepción, he decidido volver a usar el mismo método para encontrar pareja porque, a pesar de todo, creo que es el mejor de los que cualquier hombre puede hacer uso actualmente. Sigo siendo un romántico empedernido, de esos pocos que quedan por ahí sueltos y que, lógicamente, se aferran al romance en línea con uñas y garras".

Otra afortunada es Marne Risco, peruana que reside en Pompano Beach, quien a sus 28 años está felizmente casada con Gavin Palmer, a quien conoció entre *e-mails*, chateos y llamadas telefónicas durante un mes, que fueron seguidos por citas semanales durante otros tres meses hasta que ya no pudieron vivir el uno sin el otro.

"Nuestro amor parece de cuento de hadas y mi familia no lo puede creer aún... ¡porque me casé con un gringo y a través de un método que ellos consideraban una locura!"

"Yo nunca tomé esto como un juego, lo tomé como un desafío porque había escuchado varios casos de mujeres que se enamoraron y casaron gracias al romance en línea y decidí darme la oportunidad....y me fue excelente.

El panorama de testimonios, casos y situaciones es variopinto, como la vida misma, pero el fenómeno no se detiene, muy a pesar de sus detractores.

71

TIPS PARA DOMINAR EL ARTE DEL CHATEO *ONLINE*

Chatear *online* se ha convertido en uno de los métodos más asequibles, sencillos y cómodos para buscar pareja. Se ha demostrado que favorece la comunicación afectiva ya que produce la desinhibición de los participantes.

Resulta conveniente adoptar las siguientes recomendaciones:

1) Revise los perfiles y fotos de los candidatos antes de chatear.

2) Haga preguntas para corroborar la información colocada en el perfil.

3) No revele su identidad hasta que se sienta segura.

4) Intercambie más fotos para que se conozcan mejor.

5) Cultive la relación en base a *e-mails* y llamadas telefónicas, no solo chateo.

6) Utilice modales corteses en los foros de chat.

7) Despídase. No desaparezca en el ciberespacio.

8) Emplee la cámara *web* cuando tenga dudas.

9) Aprenda a usar los *emoticons* para agregar algo de sentimiento a su mensaje escrito.

10) No demore en pasar del estado *online* al encuentro cara a cara.

11) Haga clic sobre la palabra "ignore" cuando alguien lo merece, porque no tenemos por qué soportar impertinentes o desubicados.

CUIDADO CON LOS *PLAYERS* QUE PULULAN EN EL ROMANCE EN LÍNEA

A las mujeres cándidas y confiadas les resulta mas difícil buscar pareja por Internet pues pueden ser presa fácil de aprovechados de toda calaña, como un hombre que reside en Inglaterra, llamado Philip, quien tuvo el descaro de proponerme matrimonio ¡en el tercer mensaje!

Más fresco que una lechuga, resulta que el tal Philip es casado y se dedica a timar mujeres con "perfiles inocentes" (como el mío) prometiéndoles matrimonio tan pronto como el nivel alcanzado en los mensajes se lo permite. ¡A mí me lo propuso en el tercer *e-mail* pero al primer día de habernos conocido en línea! Y luego, cuando yo le dije que me halagaba mucho su oferta pero que no podía recibirlo en mi casa (porque lo que él quería era venirse a vivir conmigo lo antes posible y ser "uno") se echó para atrás y no me volvió a escribir ni una línea más. Tampoco me llamó por teléfono y yo ya le había dado mi número celular guiada por la confianza que me inspiraba hasta ese momento su caballeroso y galante estilo. Pero luego, cuando se quedó mutis, decidí investigar. Ingresé a su página *web* personal, dirección electrónica que me había dado para que viera sus fotos, y encontré que había una lista larga de usuarias que figuraban como miembros. Para sorpresa mía, al cabo de algunos minutos de andar buceando en dicho sitio virtual en

73

busca de información, recibí el *e-mail* de una de las mujeres de la lista quien me preguntaba qué relación tenía yo con Philip. Intercambiamos mensajes y descubrí que ella había recibido la misma propuesta de matrimonio algunos meses antes. Me envió los mensajes que Philip le mandaba para enamorarla y eran prácticamente los mismos que me había dirigido. Luego, esa mujer inglesa, Harley, me pidió que me comunicara con Ana, una brasileña, para que constatara lo que él estaba tramando. Ana me confirmó que ella también había recibido la misma propuesta matrimonial y que Philip le ofrecía mudarse a su casa en Río de Janeiro en cuanto ella le diera el visto bueno.

Harley asegura que el estafador éste sigue casado y que seguramente debe tener líos económicos o con la justicia que lo conducen a buscar salir del país. Otra posibilidad sería que simplemente le guste jugar con los sentimientos de las mujeres, aunque no obtenga dinero a cambio, y dárselas de conquistador. A Harley y a Ana sólo les pidió que lo ayudaran con algunas traducciones para su sitio *web* (porque ellas hablan inglés y portugués respectivamente y la lengua materna de Philip es el hebreo). Tal vez a mí me quería para sus traducciones al español. Una última hipótesis sería que establece lazos de romance con mujeres en las ciudades que necesita visitar en corto plazo por razones de negocio y entonces se aloja en sus casas para ahorrarse el hotel, porque está en la quiebra y no tiene plata… ¿o qué?… La verdad es que me va a costar descubrir su plan porque a Harley y a Ana ya no les escribe tampoco (¿sabrá que estamos en contacto?) y el resto de la gente de su lista no quiere colaborar y no responde a mis mensajes.

Lo que me queda claro es que el juego de Philip (quien dijo también llamarse Ian y nunca quiso darme su apellido) es sucio. Se trata de un jugador y mentiroso patológico que manipula a las mujeres y puede hacer mucho daño andando suelto por el ciberespacio.

Y así como Philip o Ian o como se llame, hay muchos hombres mentirosos usando el romance en línea en el mundo, que se hacen pasar por mansos corderitos. Así que vale la pena estar alerta.

DE LA INFIDELIDAD VIRTUAL A LA REAL

La investigación de la Dra. Beatriz Ávila reporta que el 30% de los casos en los que los interesados comienzan a flirtear de forma constante con la misma persona, terminan concretando la relación sexual al cabo de una o dos semanas de coqueteo virtual.

"Internet me dio la posibilidad de acceder a dos amantes que nunca hubiera podido conocer sin su ayuda, porque soy poco sociable y no me agrada ir a bares o lugares parecidos en busca de mujeres", confiesa Steve, actual usuario de *www.marriedmatch.com.*

David Greenfield, psicólogo y autor del libro *Virtual Addiction,* afirma que el mayor atractivo de este nuevo tipo de infidelidad está en la conveniencia de guardar el anonimato por todo el tiempo que se crea necesario, lo que resulta sumamente atractivo para una "nueva generación de adúlteros", gente que de otra manera hubiera sido demasiado tímida como para lanzarse a la aventura de ser infiel "cara a cara".

La mayor parte de los maridos que se enganchan en los romances virtuales consideran que éstos son inofensivos y que sólo por mantenerlos no se les puede calificar como infieles. Un 17% de los participantes en la investigación de la Dra. Ávila, titulada *Online infidelity in Internet chat rooms,* aceptaba definir su comportamiento como infidelidad.

"Bajo la excusa de ayudar al matrimonio, relajar las tensiones sexuales o excitarse sexualmente mientras se chatea con otros, lo que será luego aprovechado por el cónyuge; los individuos canalizan su energía emocional y sexual fuera del matrimonio", afirma la Dra. Ávila Milehan.

En opinión de la experta, los usuarios aducen que la falta de contacto sexual o genital dejaría de lado la posibilidad de considerar este flirteo como infidelidad, pero como el contenido sexual es parte fundamental de la conversación, éste conduce a una intimidad psicológica alimentada por el carácter prohibido de la relación. Los resultados de su estudio apuntan a demostrar que se trata de un nuevo tipo de infidelidad favorecido por una herramienta tecnológica de alcance masivo. "Pues nunca en la historia ha sido tan fácil gozar de la estabilidad del matrimonio y de los riesgos de la escena de las citas al mismo tiempo", asevera la psiquiatra.

Tal como figura en su investigación, los infieles se excusan en que no tienen otra opción que perseguir los contactos virtuales porque éstos hacen que sus monótonas vidas se tornen más entretenidas o porque su relación conyugal ya no es satisfactoria.

Maggie, una de las tantas víctimas que llegan con consultas a *www.chatcheaters.com*, declara dolida:

Cuando me di cuenta de que mi esposo venía a dormir cada día más tarde y se quedaba muchas horas ante el computador, comencé a chequear la información que tenía guardada en el disco duro. Al principio me sentí espiándolo, pero lo hacía para despejar mis dudas. Y fue terrible descubrir que guardaba algunos e-*mails* con muchas referencias sexuales, en los que trataba a esas mujeres como amantes y mucha pornografía, toneladas de pornografía. Me sentí asqueada y cuando lo enfrenté me respondió que no podía hacer nada para detener ese comportamiento porque reconocía que ¡se había convertido en un vicio!

Las esposas de los que ingresan a tales sitios virtuales creen que están siendo traicionadas, sobre todo porque hay engaño, mentira o una verdad oculta de por medio.

"Este tipo de traición al cónyuge se realiza en la computadora que está dentro de la casa, la que puede estar inclusive dentro de la habitación matrimonial", comenta la doctora Beatriz Ávila. "Mientras mayor comunicación hay con la pareja virtual, mayores son las posibilidades de que la infidelidad carnal finalmente se produzca", advierte.

Betsy Walton-Phillips, psicóloga del *St. Luke's Hospital's Behavioral Health Services,* sostiene que la desesperación que se siente al descubrir el *affair* virtual no es muy diferente al que experimentan las esposas cuando son conscientes de que sus maridos les son infieles con otra mujer.

May & Subotnik reportan, en un estudio realizado en el año 2001, que la mayor parte de las esposas reciben la noticia como una traición devastadora. Es el descubrimiento de esa vida oculta, de la mentira y el engaño, lo que se convierte en la parte más dolorosa del descubrimiento.

"Cuando los individuos invierten sus energías mentales, emocionales y sexuales en interacciones en línea, están invirtiendo sus propios sistemas cuerpo–mente y el compromiso es total. Se hablan el uno al otro como si fueran pareja, en términos eróticos, revelan sus fantasías sexuales e incluso comparten con esas personas sus más íntimos problemas, deseos y sueños", confirma la doctora Ávila.

Otras investigaciones recientes sobre infidelidad como las de *Schneider*, realizada en el 2002 y *Glass*, durante el 2003 sostienen que no tiene que haber contacto físico para que ésta ocurra.

Recientes estudios han demostrado asimismo que las mujeres temen más (y se sienten más celosas) cuando los contactos *extra–maritales* implican el plano emocional, que cuando sólo involucran el sexual (Wilson, 2002). Al descubrirse el *cyberaffair* la pareja lo percibe como traición. "Y es entonces cuando se inicia el calvario", comenta Rina, quien acaba de iniciar los trámites para el divorcio de su esposo "infiel por Internet".

CUANDO LOS JÓVENES SE FIJAN
EN LAS MUJERES MAYORES

Llevo en el mundo del romance en línea varios meses y debo reconocer que resulta divertido y hasta desafiante. Entre las cosas insólitas que me han sucedido puedo resaltar la presencia esporádica de admiradores sumamente jóvenes, mucho más jóvenes que yo.

Cuando estuve en *Imatchup* recibí mensajes de tres ó cuatro muchachos de entre 21 y 26 años pero no les di la menor oportunidad porque vivían lejos y me parecía una pérdida de tiempo. Pero ahora me han salido varios galanes de 24 a 27 años de la Florida y acabo de chatear con uno de ellos hace algunos minutos. Claro que no pienso tener nada con él ¡ni en sueños!, pero considero que a las mujeres de mi edad nos agrada sentirnos deseadas por hombres jóvenes porque esto nos sube la autoestima hasta el cielo.

Mike ha elogiado las fotos que tengo en *Match.com* hasta el cansancio, asegurándome que aparento 28 ó 29 años y no los 40 que digo tener en mi perfil (¡para que le voy a confesar que tengo 45!). En uno de los sitios *web* coloqué menos edad de la que tengo para medir qué reacción producía esto en los hombres, pero los resultados fueron muy similares a los que se dan cuando leen mi verdadera edad en otros sitios de *online dating*.

Mi nuevo admirador joven está fascinado con mi predilección por el ejercicio y el estilo de vida sana. Comprende que estos factores son los que explican mi *look* juvenil. Tiene mucho interés en salir conmigo pero yo no creo estar dispuesta a llegar a eso. Imagino que los muchachos de esa edad quieren sexo con mujeres mayores por una serie de razones que no intentaré dilucidar ahora. Y yo no quiero eso. Yo estoy buscando una relación amorosa seria, estable y con futuro.

Pero que este jueguito resulta agradable... ¡no lo puedo negar! ¡Mis bonos han subido hasta la estratosfera y me siento muy orgullosa de ello!

Mike no ha sido el único jovencito que se ha interesado en mí, pero obviamente no he hecho siquiera el intento de "darle oportunidad" a alguno de ellos. A Mike le agradecí su interés pero corté el diálogo muy rápidamente porque sabía que no nos iba a llevar a ningún lado. Imagino cuántas mujeres maduras habrá en el Internet que se aprovecharán de los muchachos que gustan de las señoras cuarentonas. ¡Deben divertirse de lo lindo! Pero imagino que al final sentirán un gran vacío porque el jueguito consiste en utilizarse el uno al otro, con un interés basado fundamentalmente en lo sexual, seguido por el económico, pues muchos chicos verán en las mujeres mayores con plata su tabla de salvación, por lo menos temporal.

Steve tiene 27 y me ha escrito varios *e-mails* intentando llamar mi atención. Pero como no ha querido entrar al foro de chat, donde realizo mis entrevistas (y eso es lo único que me gustaría lograr con él: una entrevista), pues nuestra relación amistosa no ha prosperado. Me dijo en una ocasión que a él el asunto de la edad le tenía sin cuidado porque lo único que quiere es una mujer sexy que sepa a dónde va, qué busca de la vida y que tenga ciertos logros en su haber, y eso no lo encuentra en las jóvenes de su edad. En su perfil aparecen varias fotos y una breve descripción de lo que piensa: "Soy nuevo en Miami. Me gustaría conocer una mujer con quien compartir mi tiempo y gozar de la mutua compañía. Alguien a quien yo encuentre atractiva, inteligente y que me pueda hacer sonreír. No creo estar pidiendo demasiado."

Es un hombre guapo, alto, de buen cuerpo. ¿Por qué no puede encontrar a la mujer ideal entre las chicas de su edad?

Esta misma pregunta se la hice a Christian, de 25 años, quien ya ha chateado conmigo una vez y, a pesar de todas las "verdades" que le dije, tiene intención de seguirlo haciendo.

Christian sostuvo una relación de tres meses con una mujer de 38 años, la que no pudo continuar debido a que ella era sobrecargo en una línea aérea y tuvo que mudarse a Brasil. Pero según él, pasaron juntos un fabuloso tiempo, compartieron gratas conversaciones sobre todos los temas habidos y por haber, salieron a pasear, se divirtieron y tuvieron mucho y muy buen sexo.

Cuando le comenté que yo estaba buscando una relación seria y comprometida y no la podría lograr con un joven de su edad, me respondió: "Claro que puedes. No tienes nada que perder, toma las cosas con calma y deja que pase lo que tenga que pasar".

Le pregunté qué es lo que creía que los hombres jóvenes veían en las mujeres mayores y contestó con mucho aplomo: "Su madurez, su manera de pensar, la claridad y seguridad con que enfrentan la vida, su atractivo físico y su desempeño sexual".

El sostiene que no se preocupa por lo que pueda suceder con esa relación en el futuro porque lo importante es ir desarrollando la confianza y el conocimiento mutuo en el mediano plazo y, mientras tanto, divertirse y gozar el uno del otro.

Ha sido una constante durante mi investigación descubrir que los jóvenes varones, que también se interesan por el *online dating*, (sistema que se creía sólo atraía a los mayores de 30), tienen una idea clara en cuanto a la importancia de "dejarse llevar por el presente" y tratan de sacarle el jugo al máximo.

Y un detalle más sobre el que invito a reflexionar a las mujeres. No se crean todo lo que los hombres que las abordan en línea les dicen porque la mayor parte de los que saben endulzar oídos lo hacen para conseguir sus fines y lo único que les interesa es tener sexo casual ¡lo demás es mentira! Sólo aquellos que sobreviven después de que ustedes les dicen que no son partidarias del sexo casual y que prefieren esperar, serán los verdaderamente interesados en ustedes como mujeres y seres humanos, no como meros objetos sexuales.

CIBERCAFÉS Y CHATEO AL PASO

En cualquier ciudad del mundo occidental, por pequeña y pobre que sea, existen diversos locales que ofrecen acceso a Internet. Y en el caso de las grandes ciudades, donde el fenómeno se ha vuelto más que popular, éstos pululan.

El dueño de un local ubicado en la zona cubana de Miami, señala que las personas que acuden muestran una imperiosa necesidad de comunicarse. Refiere que en las salas de chat muchas veces se desahogan y cuentan sus problemas, porque a lo mejor no lo pueden hacer directamente.

Para el encargado del local (quien prefirió guardar su identidad) los foros de chat son una verdadera "ventana" para conocer personas y también para el engaño. "Por ejemplo, un señor de 70 años venía a chatear y se ponía la edad de 30. Uno se da cuenta porque piden ayuda y se ponen nerviosos, al igual que señoras de 40 para arriba que en algún foro de chat encuentran novio o amante".

Patricia trabaja en uno de los primeros cibercafés que se instalaron en esta zona de Miami. Señala que el fuerte del negocio es el uso de salas de chat. "He tenido clientes que llegan a chatear a las 10 de la mañana y no se van hasta que cierro", afirma.

Marco, de 30 años, y Tatiana, de 27, se conocieron por este medio. Él es de Venecia, Italia, y ella una de las clientas de un cibercafé de Miami. Luego de una corta "relación virtual", él dejó todo por ella y hoy están juntos. Según Tatiana, hasta ahora le parece un sueño cómo se produjo el encuentro que los unió:

"Fue como un golpe de suerte. Yo tenía la posibilidad de irme a Italia por una beca y para eso me exigían dominar bien el italiano. Aunque sabía algo, me exigían un nivel avanzado y fue así como empecé a meterme en un foro de chat italiano a ver si alguien me ayudaba. Conversé con mucha gente, mujeres y hombres de diversos países que llegaban allí, y con todos ellos fue súper buena onda, hasta que un día me encontré con Marco y hubo algo especial de inmediato. Hablamos cinco horas ese día, y yo estaba con el diccionario al lado. Todo esto fue casual. No fue como decir "quiero un novio italiano y lo buscaré por Internet". Yo pienso que cuando entras a una sala de chat específicamente a buscar pareja, las expectativas son muy grandes y las desilusiones son más frecuentes. Chateamos durante tres meses antes de vernos. El proceso de enamoramiento fue diferente al que se puede dar cara a cara. No es como decir: ¿quieres ser mi novio? Todo se va dando, la persona te empieza a interesar, comienzas a extrañarlo, necesitas hablarle, quieres saber cómo está y empiezas a sentir poco a poco que te pertenece".

Algo que los especialistas recomiendan enfáticamente cuando de relaciones basadas en chateos en línea se trata es que, si una relación romántica se va desarrollando con demasiada velocidad, desde un principio, una de las partes tenga conciencia de que algo raro podría estar ocurriendo, porque esos amores explosivos que aparecen de la noche a la mañana, pueden esconder intenciones negativas (como las de un delincuente o estafador, por ejemplo) o problemas psicológicos propios de las personas con baja autoestima que, en cuanto consiguen un posible objeto de amor, se aferran a él como alguien a punto de ahogarse se aferra al salvavidas.

Testimonios como éste hay cientos, así como hay miles de personas que se han sentido estafadas o decepcionadas debido a malas experiencias con el romance en línea.

TIP

Mi recomendación al respecto es que si vas a iniciar un romance *online* te asegures de que las fotos que tu pretendiente envía son recientes. Para esto se tendrán que ver en la cámara *web* lo antes posible. Tampoco se debe esperar mucho para hablar por teléfono. Una o dos semanas de chateo en línea bastan y sobran para dar el salto al teléfono, si es que se conocen los datos personales del admirador, como su nombre completo, el lugar en que trabaja, su edad y su estado civil.

Luz ámbar, según abogados

Sandra Davis, socia de la firma de abogados *Mischcon* y experta en derecho de familia, dice estar convencida de que las comunicaciones electrónicas y especialmente Internet, han hecho mucho más fácil iniciar un *affair* y mantenerlo. Considera asimismo que la popularización del *e-mail* electrónico y los foros de chat de Internet han causado un aumento significativo en las disputas y las separaciones conyugales.

"En nuestra experiencia laboral aquellos clientes que citan el adulterio como causa de un rompimiento matrimonial, también suelen referirse a las nuevas formas de comunicación como un instrumento que posibilitó o facilitó el inicio de la relación adúltera", afirma Davis.

Interesada en investigar más el tema, Davis encargó a inicios del 2004 la realización de una encuesta entre 1.500 adultos a la compañía de estudios de mercado TNS, con la finalidad de determinar cuán extendido está el fenómeno actualmente.

De acuerdo con la encuesta, el 46% de los entrevistados cree que los mensajes y salas de chat han contribuido a elevar la tasa de infidelidad actualmente. Casi el 30% admite usar estos medios para flirtear con potenciales parejas o iniciar un *affair*. De éstos, un 22% confesó que lo hacía todos los días, mientras que el 62% recurría a este medio de comunicación con el sexo opuesto una vez por semana.

El estudio demostró además que uno de cada siete encuestados admitía haber correspondido en secreto, a escondidas de sus respectivas parejas, a través de mensajes con personas del sexo opuesto. Y uno de cada cinco había descubierto un mensaje tipo *flirt* proveniente de una fuente desconocida en el *e-mail* de su pareja.

Angela Sibson, ejecutiva en jefe de la empresa de relaciones humanas *Relate*, también culpa al Internet del crecimiento de los problemas de infidelidad en las parejas. Tanto así, que a lo largo de este año más del 40% de las parejas que han consultado con ella han mencionado el tema. "Frecuentemente el Internet es el síntoma de problemas más profundos en el matrimonio, pero ahora los infieles cuentan con una herramienta más, y mucho más a su alcance, para hacer de las suyas", comenta.

En opinión de Robert Stephan Cohen, abogado experto en divorcios y autor del libro *Reconcilable Differences: 7 Keys to Remaining Together from a Top Matrimonial Lawyer*, Internet ha sido el factor más significativo en el incremento de divorcios en los últimos dos años. "Mucha gente viene a mi consulta responsabilizando al Internet como la causa principal de que sus matrimonios se fueran a pique".

Este nuevo fenómeno, surgido a raíz del explosivo auge de los sitios *web* de citas en línea para casados en el mundo, es considerado por los expertos como un problema que irá en aumento y de consecuencias impredecibles para el matrimonio en particular, y la institución de la familia en general.

Nos encontramos ante un nuevo tipo de relación amorosa donde cada uno de los amantes se satisface sólo a través de dos sentidos: la vista y el oído, rehuyendo el compromiso de la presencia física que supone un antes y un después del encuentro sexual y conlleva una serie de consideraciones sobre lo que se está realizando *in situ*, como la pregunta

famosa "¿Y ahora qué?". El cibersexo conduce a la gratificación masturbatoria con ayuda de la presencia electrónica del otro, de manera tal que el otro está pero no está,
haciendo de esta experiencia un encuentro en un espacio
virtual que pareciera no comprometer a nada, a nadie.

LA NUEVA MORAL DEL "CIBERAMOR"

En el escenario del romance en línea actual, cualquiera puede imaginar un libro abierto de potenciales citas, con innumerables candidatos y la ventaja de poder descartar o evitar a los psicópatas con el clic del ratón.

La gran carretera de la información se ha ido convirtiendo progresivamente en la gran carretera de las relaciones humanas posmodernas, incluidas las amorosas, por cierto.

Aaron Ben-Ze'ev, autor del libro *Love Online: Emoticons on the Internet*, considera que el esfuerzo que se invierte en el romance en línea es mínimo y que esa sería una de las causas explicativas de su avasallador éxito. Lo único que el interesado tiene que hacer es inscribirse en un servicio y comenzar a navegar entre los cientos de perfiles y fotos a su alcance, dependiendo de la zona donde desee encontrar pareja, porque si su meta es el mundo entero, entonces podrá acceder a millones de avisos de posibles candidatos.

Otra de las ventajas del ciberamor es el anonimato que brinda seguridad y la posibilidad de desempeñar diversos roles amorosos, lo que significaría un duro golpe para el valor de la monogamia dentro de las sociedades que la defienden, según Ben-Ze'ev. "Cualquiera puede tener ahora una relación amorosa en línea y al mismo tiempo otra *offline*", sostiene el experto, profesor de filosofía en *Haifa University*. "Entonces, como resulta tan tentador formar una relación en línea, igual de tentador resulta formar varias al mismo tiempo".

Así como la generación nacida en la era del Internet se hace mayor, así también cambia la definición que se tiene de la relación amorosa, la que ya no sería exclusiva y excluyente, como bien la definiera Eric Fromm en su época. Las parejas podrían inclusive acceder a tener encuentros virtuales, cada una por su cuenta, contando con el visto bueno de la pareja *offline*. Las reglas de juego del comportamiento amoroso son diferentes en el ciberespacio. La popularidad se la lleva no el más guapo o la más bella, sino aquel que domina las técnicas del chateo y el arte de la palabra escrita.

El chateo implica el dominio de un nuevo código de comunicación. Parte de este código incluye el manejo de los *emoticons* (caritas felices y de todo tipo) que los programas de chateo facilitan al usuario, las frases de no más de cinco palabras, las abreviaturas propias del Internet y el arte de intercalar expresiones cortas en medio de las frases para mejor transmitir los sentimientos.

La intimidad entre los protagonistas del ciber romance llega a través del compartir secretos, deseos y fantasías con complicidad y la ayuda de un micrófono y una cámara de video acoplada a la computadora.

Basta con leer algunos *blogs* (diarios publicados en Internet) para darnos cuenta que los seres humanos nunca habían tenido acceso a un tipo de relación romántica tan ambivalente como ésta. Y esto se aplica también al código del chateo que puede ser frío como un témpano o caliente como el fuego del infierno. Dependiendo de lo que se dice y la forma en que esto se expresa en línea.

El daño que pueden hacer los locos o delincuentes en el ciberespacio es pequeño, cree Ben-Zeév. El único riesgo llega cuando el amor virtual se sale de Internet para pasar al mundo real y la víctima no supo identificar a tiempo las mentiras o patrañas de su enamorado virtual. Pero esto puede ocurrirle a cualquiera, en un bar, en una discoteca o en una fiesta. Nadie está libre del engaño amoroso, cualquiera que sea el ambiente donde se conozca a la posible pareja.

PRACTICA, PRACTICA, PRACTICA HASTA
QUE ENCUENTRES LO QUE BUSCAS

Una de las moralejas más importantes que he sacado de esta investigación sobre el amor en línea es que hay que entrenarse en el arte del cortejo. En la medida en que fui conociendo cómo funciona el sistema, entendí que a mayor cantidad de citas con hombres diferentes cada semana, mayores probabilidades de encontrar al elegido o *the one*, como dicen en inglés.

Mi récord es de 20 hombres distintos al mes, de entre los cuales uno o dos podían pasar a una segunda o tercera cita. El resto eran rápidamente descalificados, porque también aprendí, y ésta es otra de las moralejas valiosas que el *don't settle for less*, que expresa en inglés tan fielmente la idea de no conformarse con poco, nos debe motivar a ser exigentes y selectivas.

Y entre tanta decepción, de tanto en tanto aparece una joya ¡y entonces sí que la cosa se pone caliente, ardiente y fascinante! ¡Acabo de conocer al galán de mis sueños! ¡Y parece que yo le he gustado también! Se llama Mark. Nos encontramos para tomar café en Starbucks. ¡Qué hombre tan guapo, Dios mío! ¡Más guapo que cualquier otro de mis pretendientes! Más alto aun que mi difunto esposo, es nueve años menor que yo, tiene un cuerpo atlético de contextura delgada, su rostro es muy varonil y de facciones casi perfectas, se percibe que es muy apasionado y su único defecto es que usa el pelo largo, pero anoche se lo amarró en una cola que disimulaba bastante bien su abultada cabellera. Resulta que es músico profesional, de los buenos, de los famosos, y la vida artística le da derecho a ser un poquito extravagante. Conversamos más de dos horas y descubrí en él un ser muy transparente y de buen corazón. Parece que el ambiente artístico no lo ha perjudicado, por suerte. Me confió la historia de sus tres grandes amores (dos de las cuales fueron sus esposas, con la segunda tiene un hijo de cuatro años) con total honestidad. Me dio a entender que está buscando una buena mujer para volverse a casar y empeñarse en tener, ahora sí, una relación para toda la vida, y que por esta razón se atrevió a poner su perfil en *Match.com*.

Me habló de sus padres, a los que cuida y quiere mucho, de su vocación musical y de su pasión por las computadoras, de sus planes laborales a futuro y del tipo de relación amorosa que quisiera tener en esta etapa de su vida: una relación madura, equilibrada y armónica.

¡Qué hombre! Nos miramos mucho a los ojos. Descubrí en esa mirada un sentimiento hermoso hacia mí que creo puede llegar a crecer y convertirse en amor. Me ha escrito largos *e-mails* donde me dice por ejemplo:

¡Eres una luz muy bella y brillante! ¡Espero que hayas dormido bien y que tu día esté empezando de igual manera! ¡Te aseguro que para mí este nuevo día empezó excelente porque anoche me encontré con un ángel!...

Me obsequió una rosa y su último CD al despedirnos. Cuando me dio el abrazo de despedida y un beso en la mejilla me susurró al oído dulcemente: "Quiero llegar a conocerte mejor, Carola", a lo que yo respondí: "Y yo también a ti, Mark". Ese abrazo fue ardoroso, apretado y largo. Mi corazón palpitaba con mucha fuerza experimentando un sentimiento bello, ¡indicio de algo mayor que puede venir con el tiempo!

Salí en una segunda cita con Mark anoche. Fue como un sueño hecho realidad. Nunca me imaginé de la mano de un hombre tan guapo, atractivo y sensual como él. ¡Todo un galán de cine! Y no sólo me tomó de la mano para caminar por el boulevard "Las Olas" en Fort Lauderdale, sino que me abrazó cuando de pie escuchábamos a alguna banda musical en las discotecas de la zona y me apretó fuertemente cuando bailamos un rock lento en una de ellas. Parece que no le importa para nada la diferencia de altura entre los dos. Me trata de "muñeca", elogia mi cuerpo y me dice que le parezco muy sexy. Cuando estábamos por bajar de su camioneta al restaurante, escuchó una canción romántica en la radio, me abrazó tiernamente y me susurró la canción al oído. ¡Casi me derrito! Me gusta tanto este hombre que le dije que cuando regresara de mi viaje a Lima, si él quería continuar nuestra relación, yo estaba dispuesta a cortar totalmente con mis otros candidatos, aunque el libro terminara perjudicándose, porque quiero dedicarme sólo a él. Le gustó mi ofrecimiento y me aseguró que tenía un gran interés en mí y que yo era como un "ángel" que había llegado a su vida en el momento en que más lo necesitaba. Me imagino lo fabuloso que me parecerá cuando Mark toque y cante para mí a solas ¡Guau… eso sí que suena romántico! Me habla mucho de sus padres a los que cuida porque son mayores, lo que me dice que, si es un buen hijo, será un buen esposo. Sus padres son cubanos (él nació en Estados Unidos) y le han inculcado valores tradicionales afortunadamente, lo que lo mantiene alejado de la vida bohemia de su ambiente y tiene un estilo de vida sano como el mío. Anoche cuando nos despedimos le di un beso corto en los labios y ¡casi me muero de un infarto! ¡Me pareció estar en el cielo! Y creo que él sintió lo mismo porque me dijo: "Qué maravillosa despedida". Hay química, afinidad y mucha atracción física. ¿Qué pasará?... ¡ta, ta,ta, tá! A mi regreso de Lima, esta historia continuará, sin duda alguna.

Durante mi estadía en Lima, en medio de conferencias, seminarios y declaraciones a la prensa, no dejé de pensar en mi nuevo galán ni por un instante. ¡Y eso que sólo nos hemos visto dos veces! Me ha escrito cada dos días unos *e-mails* tan largos, románticos, sinceros y tiernos que dejan chiquitos a todos mis anteriores pretendientes. Me dice cosas que me hacen vibrar y sentir que "él es", a pesar de lo que pueda opinar mi madre, a quien se lo tuve que contar porque ya sospechaba mucho y porque la verdad es la mejor salida para evitar suposiciones.

En su primer mensaje, Mark me aseguró que no le importaban ni mi estatura ni mi edad. Y agregó:

La verdad es que me sentí muy atraído por tu *look* y además lo que escribiste puso mi espíritu a volar. Me encanta tu aspecto físico y gocé aún más cuando leí todo acerca de ti y lo que estás buscando en un hombre. Estoy muy feliz de que hayas respondido a mi primer mensaje porque yo estoy buscando lo mismo que tú, y qué difícil es encontrar alguien con las mismas motivaciones, intenciones e ideales. Leer tu *e-mail* de hoy fue un regalo para mí y una maravillosa manera de empezar el día. Me siento honrado por tu respuesta.

Entre las cosas que me hacen feliz, está escuchar el sonido de las olas mientras abrazo a esa mujer especial que Dios eligió para mí, irresistiblemente atrapado por el dulce perfume que emana de ella y que hace desaparecer todas mis preocupaciones. La belleza de la naturaleza expuesta en toda su magnificencia. Amor. Fuego. Pasión. Romance. Escribir y dar nacimiento a una nueva canción.

Al día siguiente de conocernos, cuando salimos a bailar, Mark escribió entusiasmado:

Mi Preciosa Carolita,

¡Yo igual me sentí encantado y feliz a tu lado! ¡Me fascinas, me estimulas de muchas maneras! Bailando juntos, cerca de ti... ¡era un momento tan especial! ¡Sentí que nada mas existía, solamente ese instante contigo! Y el beso me elevó a un estado de euforia y calor inmenso. Y solamente era un besito pequeño! Eso nos anticipa que lo que viene en el futuro va ser bien intenso.... ya lo veo.

Días después, desde Lima, le pregunté sobre su ambiente de trabajo y las mujeres que lo rodean y me contestó con una sinceridad que trasluce en sus palabras y el sentimiento que pone en ellas:

Primero me preguntaste, cariño, cómo hago para no caer en la tentación, es fácil, ya que simplemente pienso en qué es lo que quiero para mi vida. Primero pienso en mi pareja, en que lo que haga la puede dañar y, si amo a mi pareja y ella es muy cariñosa y fiel conmigo, ¿cómo voy dañar a la persona que me ama y que amo tanto? Después pienso en mí, en lo que quiero para mi vida. Quiero amor, quiero pasión con UNA SOLA mujer. Y cuando digo pasión, te hablo de pasión hasta lo último. ¡Quiero estar y sentirme enamorado! ¡Esto es lo que me hace sentir completo! Soy una persona cabal. Gracias a Dios y a mis queridos padres, tengo una base muy sana. Mis padres tienen más de 54 años de casados y su relación es muy fuerte y bella; ese es otro aspecto que me fascina de las relaciones de pareja y el amor. Si yo fuera capaz de cometer un pecado así, no estaría solamente dañando a mi esposa/novia, no estaría solamente dañando mi relación, sino también estaría dañando mi concepto del amor y lo que me hace sentir feliz y completo en la vida.

Si me atreviera a hacer algo así, pensaría en qué importancia tiene el amor, qué importancia tiene cuando te entregas completo de cuerpo y de corazón a una mujer. Si es que me entregara tan fácil a otra mujer desconocida, eso destruiría mis sentimientos y las ideas bonitas que, después de 37 años cumplidos, todavía tengo en mi corazón.

No vale la pena semejante desgracia para mi pareja y para mí. Destruiría la felicidad que tengo de existir, porque mi existencia es para el amor y la pasión, para la felicidad que surge cuando amo a una mujer con la que tengo una relación especial e íntima, esa conexión especial, el deseo intenso que tengo cuando estoy envuelto en los brazos de mi mujer, haciendo el amor. Es cuando me siento realmente vivo. ¡Es el regalo, en mi opinión, que me da Dios en esta vida y no estoy para perderlo! ¡Todo lo puedo perder menos aquello para lo que existo!

Yo soy y hago muchas cosas en mi vida. Soy músico, soy técnico de teatro, de sonido, de computación, soy hijo y hermano. Tengo muchas identidades que definen mi existencia. Pero las dos cosas que hacen mi existencia muy importante son mi niño y mi pareja. Mi ideal del amor y la belleza es el amor físico entre una mujer y un hombre que se aman ¡hasta lo último! Sin eso en mi corazón, no quiero existir, no siento que tengo razón para existir. Jamás podría destruir lo que es mi razón para vivir. Entonces, puedo ver una mujer bonita pero la decisión es fácil. No sé cómo es para otros.

Finalmente, con una mujer tan hermosa y agradable como tú, ¿qué más necesito?

Para contestar la segunda pregunta de por qué me interesé en ti. Es fácil. Primero porque soy hombre con deseos, tu físico me interesó ¡muchísimo! ¡Tu cuerpo, tu sonrisa, hasta tu postura en las fotos me fascinó! Tus piernas, tu ojos, tus labios... todo, ¡todo! Pero fue tu idea de un hogar, de una relación fiel y que compartimos los mismos ideales sobre el amor, lo que me inspiró para escribirte y buscarte. ¡Me inspiraste esa parte del corazón muy especial que busca su alma gemela y pienso que eres tú!

Lo confirmé la primera vez que nos encontramos y hablamos. Sentí que tu corazón era especial porque levantaste mi espíritu con tus palabras a un plano que solamente la mujer que es para mí puede hacerlo. Tu y yo somos como una misma persona en dos diferentes cuerpos. Yo sé que tú lo sientes también y es porque ¡eres para mí!

En uno de sus últimos mensajes, Mark me confirmó que va a dejar de tener otras citas y que tampoco verá los mensajes que reciba en los sitios del romance en línea porque nos vamos a concentrar en conocernos mejor:

¡Mi amor, te felicito por lo bien que te está yendo, tenemos que celebrar! Aquí estoy esperándote con los brazos y el corazón abierto. Estoy de acuerdo en que no necesitamos seguir buscando porque como dijiste, "Dios nos eligió el uno para el otro". Me estoy cuidando y guardando para ti, mi vida y sí, me dejé la barba y el bigote para gustarte más todavía. Mi dulce, estoy desesperado por sentirme en tus brazos. ¡Estoy contando las horas y hasta los minutos!

Anoche le conté a Mark que había concluido con las únicas dos relaciones que podían considerarse potencialmente peligrosas para la nuestra y que iba a terminar con mi frenética carrera en el *online dating*. Fui sincera con él y le expliqué todo con lujo de detalles. Pero lo que más me gustó, aparte de su comprensión, fue que él me abrió su corazón y me narró de manera larga y extendida sus dos crisis matrimoniales y el fracaso de su más reciente relación amorosa que fue sólo de convivencia. Pocos hombres se deciden a expresar sus sentimientos más íntimos en la tercera cita con una mujer. Y él lo hizo.

Me pasó a recoger a la estación de television donde participaba en un programa. Me sentí emocionada cuando vi a Mark ingresar al estudio y sentarse a escuchar la entrevista. Cuando terminamos, me abrazó fuertemente y se lo presenté a Agustín y Licet, el conductor y la productora del programa. Ya en su auto, nos dimos un primer beso apasionado. Me llevó a comer a un restaurante rústico y pintoresco que tenía música en vivo pero no para bailar, por lo que conversamos mucho, hasta por los codos. De regreso a casa, me preguntó si quería que me dejara en mi apartamento o prefería ir a la playa un rato. Le respondí con voz sensual:

— Uhmmmmm... de todos modos quiero ir a la playa porque hasta ahora me has besado poco y si no es allí, ¿dónde lo vas a hacer?

Se rió con ganas y me dijo que él también se moría de ganas de besarme.

Mientras manejaba el auto, yo le hacía caricias en el cuello, en el pelo y tocaba su brazo izquierdo sintiendo sus fuertes músculos. Él tomaba mi mano y la besaba de tanto en tanto.

Una vez en la playa, subimos a la caseta del salvavidas y nos sentamos. Él apoyado contra la pared de madera y yo entre sus piernas. El viento soplaba fuerte pero la temperatura era agradable. Las olas del mar se movían agitadamente al igual que nuestros corazones. Algunas estrellas iluminaban el escenario de nuestros primeros besos de fuego. Fueron largos y deliciosos. El me acariciaba el brazo, la espalda, la cintura y las caderas por encima del vestido rosa que llevaba ceñido a mi cuerpo. No se atrevió a ir por debajo de la ropa ni a tocar mi busto o mis piernas. Lo sentí excitado pero su respeto por mí era mayor que su deseo sexual en ese momento. Cuando le lamí y besé suavemente la oreja, pude percibir su pasión en ascenso. Luego me confesó que ese era uno de sus puntos eróticos preferidos. Me contó que le gustaba hacer el amor por horas, lentamente y preocupándose por el placer de su mujer antes que por el suyo.

—Podría estar aquí contigo toda la noche —le susurré al oído.

—Sí, éste es el paraíso, tenerte entre mis brazos, besarte... cuánto daría por prolongar este momento por toda la eternidad —me respondió románticamente.

—¿Dónde te gustaría que hiciéramos el amor por primera vez? —le pregunté intrigada.

— ¿Qué te parece si nos escapamos todo un fin de semana... en una especie de luna de miel anticipada? —me propuso mientras me besaba el cuello tiernamente.

—Me encanta la idea… pero tendrás que tener paciencia conmigo, no te puedo ofrecer que tan maravilloso encuentro será pronto, primero necesito estar segura de tus sentimientos hacia mí y de los míos por ti, yo sólo hago el amor cuando estoy muy enamorada y mi pareja me demuestra estar dispuesta a un compromiso mayor, ¿entiendes, cariño?

—Sí, y estoy dispuesto a esperarte, muñeca.

Cuando bajamos de la caseta del salvavidas me cargó en brazos por unos instantes.

—Creo que las flechas de Cupido nos han tocado a ambos.

Un romance como el nuestro, pocos.

Me dejó en casa con el ramo de rosas rojas que había comprado para mí y otro beso apasionado de despedida.

Dios y el tiempo dirán si Mark es el hombre de mi vida, al que tanto he estado esperando.

Usos y costumbres del *online dating*

Este nuevo código tiene sus exigencias, sus reglas y una dinámica propia que resulta provechosa para quienes lo llegan a dominar. Y como en otras formas de comunicación humana, "la práctica hace al maestro", sugiere Mario Gomes.

"Las mujeres tenemos una ventaja considerable en cuanto al número de *flirts*, *winks* o *e-mails* que recibimos y con cuántos interesados podemos chatear al mismo tiempo y ¡eso lo reconocen los mismos hombres!", sostiene Marne Risco. "Mientras el que ahora es mi esposo no recibía más que un mensaje a la semana, yo tenía unos cinco a diario en promedio en mi bandeja de entrada y mientras él sólo chateaba conmigo y eventualmente con otra señora, en ocasiones yo tenía hasta cuatro amigos chateando conmigo ¡y me volvía loca!", precisa eufórica.

"La regla número uno para alguien que quiere triunfar en esta experiencia es hacer que cada pretendiente se sienta importante, único y que no sepa que hay otros varios haciendo cola detrás de él", aconseja Marne.

"En varias ocasiones me di cuenta que una amiga chateaba con otros hombres a la vez", aporta Tim Mills. "Una vez me dijo algo que no venía al caso, y que seguramente era parte de la conversación que sostenía con otro, y en otra oportunidad hasta se equivocó con mi nombre pero no me sentí ofendido porque supongo que conversar con varios al mismo tiempo debe llevar a confusión", reflexiona el profesor de Matemáticas

102

"Yo me divertía de lo lindo", comenta Rosy Robles, "antes de contraer matrimonio, por cierto. Recibía dos o tres mensajes diarios, 15 a 20 *flirts* por día y cuando ingresaba a la sala de chat por lo menos tres pretendientes se apresuraban a entablar conversación conmigo", comenta con cierto orgullo. "Debes tener una agilidad mental increíble para hacer preguntas o comentarios interesantes a tres ó cuatro amigos al mismo tiempo, porque si los dejas esperando largo rato, se dan cuenta de que te encuentras distraída en otros asuntos y se pueden molestar. La mayor parte comienza a ponerte caritas o *emoticons* que indican el fastidio que sienten por el tiempo que les haces perder", explica con aires de experta.

Las percepciones de los varones suelen ser diferentes, hasta opuestas a las de las damas. "A mí algunas mujeres me trataban pésimo", indica Tom Remy. "Ingresaba a chatear con una y ni siquiera me respondía el saludo, me ignoraba olímpicamente. Otras me daban excusas tontas, como para decirme "no fastidies que no me interesas" y algunas me decían directamente que yo no era su tipo y que por tanto no iban a perder tiempo chateando conmigo"

Álvaro Talavera también experimentó algunas decepciones pero menores a las de Tom. "He mandado decenas de *flirts* en una semana y de unos 30 que enviaba, recibía dos o tres respuestas. Lo mismo con los *e-mails,* escribía diez y sólo me regresaba uno de vuelta, como mucho", comenta reflexionando sobre las posibles razones de este hecho.

"Se debe a que hay menos mujeres en el romance en línea que hombres y entonces ellas son las "reinas" y tienen la sartén por el mango aunque también habría que reconocer que suelen ser las "reinas" también en la vida real, ¿no?", se pregunta el contador colombiano.

En opinión de Antenor Martínez de 44 años, dueño de una productora independiente de TV y residente de Miami, lo terrible es la importancia que las mujeres le dan a dos factores que determinan si aceptan o no chatear con un hombre o si responde al *flirt* o al *e-mail*: la posición económica del candidato y lo bien, regular o mal que pueda lucir en la foto que publica en su perfil. "Yo creo que las señoritas ni siquiera se molestan en leer el perfil de quien les mandó el mensaje que descubren en su bandeja de entrada junto con muchos otros. Le dan primero una mirada a la foto, si ésta más o menos les convence pasan rápidamente a ver el dato de cuánto gana el candidato a galán, porque si la cantidad no se ajusta a sus expectativas, tampoco van a darle ninguna oportunidad de chateo y menos de cita", opina basado en su experiencia de más de dos años usando el servicio.

"No es verdad que las mujeres seamos tan frías y calculadoras con respecto a quién aceptar como posible pretendiente", refuta la cubana María Luisa Ramírez, ama de casa divorciada, de 36 años, residente de la Pequeña Habana. "Opino que hacemos la elección basándonos en una serie de criterios, pero no sólo en el aspecto físico o el nivel de ingresos. Es importante también lo que el caballero dice de sí mismo en su aviso, porque si lo que cuenta tiene relación con lo que buscamos en un hombre, entonces nuestro corazón hace clic con el mensaje y no nos fijamos en los otros factores", comenta sonriente.

Para Gary Russell, entrenador de tenis lo decepcionante fue darse cuenta de que era "uno del montón" para la joven que él pretendía.

"Un día ella me invitó a bailar, cosa que me encantó porque me di cuenta de que le interesaba, pero cuando le puse un inconveniente a la fecha que me sugería, me dijo con desparpajo: 'Bueno, si no quieres, dímelo directamente porque tengo varios que estarían locos por salir conmigo mañana mismo.' Y es que con la ventaja de las citas en línea, la mujer puede dejar mensajes *off-line* o contactar a su posible pareja por *e-mail* o teléfono y obtener una respuesta casi inmediata a su deseo de salir cualquier noche".

Edgardo Garcés, ingeniero venezolano, recuerda lo mal que le sentó aquella oportunidad en que la mujer que a él le interesaba le propuso salir de un momento a otro.

"La vi por la cámara *web* y estaba vestida, maquillada y peinada. Entonces le pregunté cómo estaba lista tan rápido y me confesó la verdad sin el menor escrúpulo: 'Lo que pasa es que el otro hombre con el que tenía cita para hoy no va a poder cumplir y no quiero quedarme aquí encerrada y aburrida'. Fue entonces cuando le dije que no contara con mi auxilio porque yo no quería ser el segundo de su lista ni el reemplazo de turno".

Carolina Corrales no olvida el caso de uno de sus admiradores que le falló a una cita porque tuvo una emergencia familiar y no pudo alertarla de que no asistiría. Ella quedó muy resentida.

"Pero de repente se aparece un día en el *Yahoo Messenger* y me pide disculpas de una manera tan patética que no tuve más que compadecerlo, pobrecito. Recuerdo que me dijo algo así como que si yo le daba una segunda oportunidad, ¡estaría a mis pies como perro faldero!".

Pero no todos los varones tienen experiencias decepcionantes en cuanto al trato brindado por las mujeres que utilizan estos servicios. "A mí me va bien la mayor parte de las veces que intento conseguir una cita", cuenta Kirk Stuart. "Creo que a las damas les gusta mi honestidad y la sinceridad con que revelo mis sentimientos más íntimos. Eso las conmueve y las anima a salir conmigo".

"Escribir bien y bonito", es uno de los requisitos para triunfar en el romance en línea, cree Domingo Cabrera. "Por suerte yo siempre he tenido mucha facilidad de palabra y sé elogiar a las damas, cosa que para ellas es un atributo indispensable en un galán virtual. También es importante tener chispa, buen humor y emplear con acierto los *emoticons* porque a ellas les encantan" aconseja basado en la exitosa experiencia que le permitió casarse luego con Amy.

Otra de las claves para el éxito en el "cortejo virtual", según María Luisa Ramírez, es que la mujer sepa sacar provecho del uso de la cámara *web*.

"Los hombres no tienen problema porque se pueden mostrar tal como son, sin preocuparse tanto en lucir bien, pero para nosotras el aparecer por primera vez ante un posible pretendiente debe ser tan importante como el salir con él, en términos de causar una buena impresión. ¡Tenemos que arreglarnos, maquillarnos y peinarnos como si fuera una cita real, sugiere entusiasmada".

Rosy Robles opina lo mismo, agregando que "basta con que el candidato a pretendiente nos vea en la cámara *web* para que se ilusione más todavía o para que todo lo que había imaginado gracias a los mensajes y al chat ¡se vaya a la basura! Y no me cabe la menor duda de que cualquier hombre prefiere confirmar si la mujer con la que va a salir y a gastar plata es lo que dice ser, viéndola por la cámara. ¡Mejor no decepcionarlo y lucir como si fuéramos a salir a una fiesta!"

Anoche, una noche de sábado, cuando las parejas suelen salir a divertirse y a hacer el amor, Mark y yo salimos con su lindo hijo de cuatro años, a ver una película de dibujos animados en el cine. Me encantó conocer al pequeño Luis, quien resultó tan pero tan amoroso que no me costó nada ganarme su afecto e inclusive desde el primer instante en que bajamos del auto me dio la mano para caminar. Nos daba las manos a su papá y a mí, y nosotros lo hacíamos volar por los aires, cosa que a él le fascinaba. En esos momentos mi corazón presagiaba algo muy bueno en mi relación con Mark. Luisito y yo conversábamos de todo y de lo más animadamente. Mark nos miraba extasiado.

Ya en la sala de cine, Mark sentó a su hijo sobre sus piernas y me abrazó con fuerza, con una fuerza que comunicaba su intensa pasión por mí. Sólo nos besamos dos veces durante toda la película pero con unos besos tan dulces, largos y sabrosos que ¡equivalieron a veinte! A la salida de la película nos tomamos unas cuantas fotos en el centro comercial. Cualquiera diría que éramos una familia. Y siento que Mark también aquilató esos momentos como una excelente señal del futuro que nos espera juntos.

Tuve el gesto de regalarle 4 autitos a Luisito para su colección (dos al conocerlo y dos al despedirme) pero creo que no hubiera sido necesario porque resultó tan buen niño que me lo hubiera ganado igual sin obsequios de por medio. Y es que a los cuatro años el corazón es tan puro que a ese precioso pequeño no le pasaba por la cabeza la peregrina idea de que yo era algo más que la amiga de su papá, como para mirarme con mala cara.

Mark me dejó en mi apartamento a las 11 p.m. y me despidió con un abrazo fuerte y otro largo beso, de esos que me estremecen toda. Siento que me estoy enamorando de él, y todo da a entender que a él le ocurre ¡exactamente lo mismo!

Chateamos esta mañana y me dijo que se muere de ganas de poner en práctica mi sugerencia de darnos masajes y tomar un baño en el *jacuzzi* juntos (ergo: hacer el amor) antes de mi viaje a Lima, para quedarnos con ese pensamiento en la mente hasta mi regreso. Cuando comenté algo de eso en nuestro chateo de ayer, fue sin poner fecha sólo como una sugerencia a mediano plazo porque estábamos hablando de cuántas cosas hermosas podríamos hacer juntos, pero parece que él lo necesita "ya". Y ahora ¿qué hago? Llevamos cuatro citas con abrazos y besos solamente y bueno, a estas alturas del siglo XXI casi ningún hombre está dispuesto a prolongar interminablemente una relación de amor "platónico". Según mi amiga de oficina, Mark quiere sexo conmigo para después dejarme. Yo no lo creo así. Por el contrario, siento que el acto sexual nos acercará más y nos permitirá ir afianzando este amor que se revela con un potencial maravilloso para los dos. En su último mensaje, Mark me dice cosas muy bonitas, como me las dice cuando chateamos, incluyendo siempre un *I love you* que es una frase tan difícil de leer en los inicios de una relación. Mi músico es de esos hombres románticos, chapado a la antigua, dulce de corazón, que sabe lo que quiere y, si mi intuición no me falla… ¡creo que me quiere a mí!

"Mi Carolita,

¡Estabas tan bella anoche que te quería comer toda! Gracias por acompañarnos. ¡Fué muy importante para mi! Qué lástima que no nos podemos ver hoy. Pero voy a ver si terminamos las grabaciones más temprano. Te aprecio muchísimo, mi Bebé. Gracias por ser tan dulce con mi hijo. Me tocó el corazón cómo hablabas con él. Ya te extraño mucho, mi amor, y voy a tratar de salir más temprano de mi grabación. Espero que estés bien y que tengas una mañana fabulosa. ¡Tienes un hombre aquí que te ama con todo su corazón!

Besitos, Mark"

"Mark querido,

Le he estado pidiendo todo el tiempo al Señor en oración que me mandara una señal para poder reconocer al hombre que él ha elegido ya para mí. En mis oraciones siempre repito que anhelo un hombre que me ame "con todo su corazón" y ¡oh maravilla! justo me escribiste eso en la parte final de tu último *e-mail*, sin tener ni idea de que eso era lo que yo tanto quería oír. Y esto no es una coincidencia, es la señal que yo tanto esperaba.

Ahora bien, me asombra lo rápido que nos estamos enamorando. Te soy sincera, parece un "flechazo" de esos que ya no se dan ahora con frecuencia del tipo de "amor a primera vista" pero, aunque eso sea MARAVILLOSO, pienso que debemos "cultivar" nuestra relación amorosa como quien cultiva una bella flor para que crezca y no se marchite nunca.

Tú sabes que soy una mujer especial, pura de corazón, que se está "guardando" para el que será el segundo hombre de su vida. Entonces, te confieso que lo único que temo es que suceda lo que alguna amiga me dijo hace poco: "No vaya a ser que él esté jugando con tus sentimientos, que quiera poseerte y luego te deje sin el menor remordimiento de conciencia". Yo NO creo que tú seas ese tipo de hombre pero te ruego entiendas mi temor, que es bastante natural por cierto, considerando la formación cristiana tan estricta que tengo.

Te aclaro que estoy dispuesta a hacer el amor con mi "novio" (y que yo sepa tú todavía no me has dicho abiertamente que quieres serlo) cuando vea que existe algo así como una "relación comprometida". La vez pasada cuando te hablé de los masajes y el *jacuzzi* no puse fecha, mi amor, y hoy por la mañana, cuando chateamos en el *Messenger,* me diste a entender que nuestro encuentro especial podría ser pronto, MUY pronto...

Me siento muy atraída por tu físico, por tu sensualidad y tu romanticismo y sé que puedo "ceder" en cualquier momento pero, por lo menos, te ruego que la próxima vez que nos veamos me aclares, al estilo antiguo, cuáles son tus intenciones hacia mí. Esto te puede sonar muy cursi pero resulta, cariño, que te has encontrado con una mujer MUY distinta a las que anteriormente conociste y eso tiene sus ventajas y sus desventajas, ¿no? ¿Tú que crees?"

"Mi bella Carolita,
Sé que el mensaje que te envié te pudo haber parecido muy sensual; sin embargo, mi única intención es ser honesto contigo y expresarte el deseo tan grande que siento por ti. Creo que esa es

una forma de conocernos mejor; además, no quiero que dudes de mi atracción por ti porque mi corazón y mi cuerpo te desean, no lo dudes ni un instante.

Cariño, te amo y estoy comprometido contigo como novio (yo pensaba que ya era novio tuyo) si es que me aceptas y, por si acaso, no estoy apurado por las cosas que imaginas. Pero no te voy negar que me preocupa que pienses que solamente quiero eso y ya. Sin embargo, prefiero que me conozcas y conozcas mis deseos por ti, no quiero dejar de expresarte mis sentimientos sólo porque puedas pensar mal de mí. Tampoco quiero arriesgarme a perderte porque pienses que no te deseo.

Besitos de tu Mark"

Qué complejas y diferentes son las formas de pensar de hombres y mujeres. Le escribí a Mark para "estar segura" que el paso que pronto daremos (el de hacer el amor, claro) tendría cimientos sólidos y, en su siguiente mensaje, me entero que mis temores de que él sólo quisiera sexo conmigo (y nada más) tenían su contrapartida en los temores que él experimentaba de que yo fuera a creer que no se sentía atraído sexualmente hacia mí.

Lo bueno es que la comunicación de pareja, abierta y honesta despeja todas las dudas.

Vamos por buen camino, Mark, vamos por buen camino, gracias a Dios.

Respecto a la forma en que los hombres piensan sobre el sexo y la forma en que las mujeres los tratan, me vino de perlas un comentario de mi hermano, quien con la sinceridad que acostumbra, respondió a ciertas dudas que yo tenía sobre el tema en su último *e-mail*.

"Creo que muchos, si no todos los hombres, lo que más odiamos en el mundo es una mujer calientabolas. Es decir, una mujer que nos tiene en ascuas teniéndose también en ascuas a sí misma, pero eso no le importa con tal de tener al hombre jadeando y en su poder; una mujer que se da y de pronto se quita, que promete y no cumple, que sugiere y no se adhiere, que nos hace llegar hasta cierto punto y luego –por consigna o estrategia– se retira y nos deja colgados. Para un hombre esto es inadmisible. Porque tiene que ver con el gran problema de las relaciones entre los sexos: que por más liberación femenina que haya habido o haya ahora, todavía es el hombre el que saca a bailar y la mujer la que dice sí o no. De modo que una mujer que dice que sí quiere bailar y luego no baila es lo peor.

Otra cosa es la mujer auténticamente tímida a la que resulta agradable y satisfactorio seducir. Un hombre puede por lo general distinguir entre uno y otro tipo. Se trata de saber si es que no se atreve a pesar suyo, o si es que hace como que no se atreve para tener al hombre en su poder. Seguramente este ejercicio de poder se pierde cuando la mujer está con el hombre la primera vez. Pero puede reiterarse. La mujer puede hacerse la difícil cada vez. Esto también resulta agotador para el hombre.

Yo no veo por qué el hecho de estar con él, ese simple hecho, haga que Mark te deje. Lo importante es cómo les va. Si no te gusta un helado, no lo pides de nuevo la próxima vez que vas a ese restaurante. Si te gusta, lo sigues pidiendo toda tu vida. Así es. Y por eso, si Mark te gusta y te sientes cómoda, te provoca y te hace ilusión, pues no veo qué motivo tendrías para no hacer lo que quieres hacer.

¡Con preservativo, claro está! ¡Y los compras tú y los tienes en la cartera! Y si se extraña, entonces sí lo dejas porque nadie tiene derecho a extrañarse de eso".

Sí, el calificativo resulta poco simpático, hasta odioso, pero a los hombres no les gustan las "calientabolas".

Anoche, después de una cena súper romántica con baile y música en vivo, Mark me pidió que fuera su "novia".

Y ahora que escribo la fecha en blanco y negro me doy cuenta de un detalle significativo que no es coincidencia. Mi esposo Joaquín se me declaró un 14 de septiembre y Mark lo acaba de hacer un 14 de diciembre.

Qué hermoso, ¿no? Es un magnífico indicio.

Otro signo de que nuestra relación va por muy buen camino es la forma apasionada en que nos besamos y cómo vibramos al unísono al hacerlo. Nuestros cuerpos se estremecen.

Creo que si Mark me besa tan maravillosamente es porque ya siente algo bello y profundo por mí. Vamos por buen camino, mi amor, sí, ¡vamos por muy buen camino!

La separación que estamos viviendo Mark y yo, intencionalmente, es muy penosa, por lo menos para mí.

No podía dejar de viajar a Lima por Navidad con mis hijos (segundo viaje recién iniciada nuestra relación amorosa) y luego a él se le presentó una gira musical a México con la cual se completaban 24 días de distanciamiento forzoso.

Por consejo de unos familiares que quieren mi bien y piensan que Mark no es el hombre que me conviene, decidí aceptar algunas invitaciones a salir (ya de regreso en Miami y mientras mi enamorado estaba fuera del país) de algunos amigos que hice en línea antes de conocer a Mark y que siguen insistiendo en conocerme.

Según mis parientes, Mark es ese tipo de artista que no le puede brindar estabilidad (por lo menos no financiera) a una mujer como yo. Que yo merezco alguien que esté a mi nivel o por encima (en términos económicos, según ellos) porque eso le va a dar tranquilidad a mi futuro y al de mis hijos. Puede que tengan razón pero la verdad es que no me interesa ese punto tanto como el del amor y la pasión. Y creo que Mark es la clase de hombre que me puede hacer "perder la cabeza", cosa que no lograría ninguno de los señores con estabilidad financiera.

Lamentablemente, deseosa de no sufrir por la ausencia de mi músico, he aceptado varias invitaciones para esta semana. La teoría que justifica mis actos es la siguiente:

¿Para qué sentir tanta melancolía y nostalgia por un artista que la debe estar pasando muy pero muy bien en una gira musical de doce días de duración?

Y entonces, para impedir esa tristeza, me animo, me pongo guapa y ¡salgo a tomar café con mis amigos! El problema es que algunos de ellos quieren más que una mera amistad.

Anoche, por ejemplo, conocí finalmente a Oswaldo, un costarricense de afable carácter, simpático, de buena apariencia física que me tomó de la mano, me abrazó e intentó besarme ¡en la primera cita! Yo rechacé sus besos enérgicamente por dos razones: no me gusta que se aprovechen de mí cuando yo les digo explícitamente que no me dejo besar sino por mi "novio" y porque me sentí traicionando a mi Mark, aunque no se merezca mis remordimientos. Aunque Oswaldo es apuesto, no me provocaba besarlo y mucho menos acabando de conocerlo. Su último intento lo hizo cuando me subí al auto y estando con la puerta abierta, ingresó todo su cuerpo, tomó mi rostro con su mano y me estampó un largo beso con lengua que no me gustó nada. Tuve que empujarlo para separarlo de mí y ¡hasta terminó golpeándose con el techo del auto! Me dijo que yo iba a ser la mujer de su vida, que no me iba dejar escapar y que pronto lo estaría besando por mi propia voluntad.

Regresé a casa pensando que no voy a volver a verlo para nada, porque un hombre así ¡me viola en la segunda cita!

En el romance en línea, hay hombres que se hacen pasar por mansas palomas y luego terminan sacando las garras cuando una menos se lo imagina. Pero claro que, en el caso de Oswaldo, la intención no era aprovecharse de mí porque durante toda la conversación previa fue muy respetuoso, correcto y tierno conmigo, pero imagino que quería dejarme con la sensación de que era un hombre apasionado, dispuesto a conquistarme. Lo será, pero no me interesa. ¡Mi corazón ya tiene dueño! El turno ahora es de Mark. Ojalá haga méritos para continuar encendiendo en mí la llama del segundo gran amor de mi vida y para borrar de mi mente toda posible duda con respecto a nuestra relación. Desde que está en México, sólo me ha escrito un *e-mail* porque dice no tener acceso a computadoras y me ha llamado varias veces por teléfono. Dice que me extraña muchísimo y que se está guardando para mí. Yo le pedí que huyera de la tentación (de las mujeres que lo deben estar rodeando y ofreciéndosele por allá) y me prometió que lo haría. ¿Cumplirá? Qué bueno fuese que las mujeres pudiéramos confiar más en los hombres, ¿no? Ruego a Dios que mi Mark sea un hombre diferente, de esos que saben valorar a su amada y que por no hacerla sufrir se mantienen fieles, a pesar de la distancia.

Esta noche salgo a tomar café en una librería con Robert, un hombre muy bueno, un caballero chapado a la antigua, al estilo de mi amigo Eddi, el primero que hice en el romance en línea y cuya amistad aún conservo. Robert quisiera también tener algo más conmigo. Su gran ventaja es su estabilidad económica y que no tiene hijos pero, obviamente, ya le dije la verdad porque me gusta ser honesta y transparente: le dije que no puedo ofrecerle nada y que sólo quiero conocerlo por tener el placer de conversar con un hombre inteligente e interesante, con otro buen amigo. Nada más. Creo que él también intentará conquistarme.

Lo más curioso que me pasa últimamente en el escenario del romance en línea es el acercamiento de galanes muy jóvenes, que me aseguran que no encuentran mujeres más bonitas que yo entre los miles de perfiles a los que pueden tener acceso en *Match.com*, *Yahoo Personals* y otros. ¡Increíble! Bueno, sobre gustos y colores no escribieron los autores y seguro habrá muchos a los que les atraiga mi *look* latino,

114

según ellos: sexy y *hot*. ¡Me río para mis adentros en cuanto imagino los deseos que suscitan mis fotos en estos jovencitos. Más que gracioso, parece ridículo. Tengo tres amigos de 32, 27 y 25 años que dicen haber quedado cautivados por mis atributos físicos y espirituales. Yo no tengo interés en conocerlos en persona pero el conversar con ellos en línea me sirve para saber qué está pasando con los hombres más jóvenes en el mundo de las citas virtuales.

Shaun de 25 años me cuenta que las chicas de su edad son muy vanas, huecas y que colocan fotos retocadas que parecen sacadas de almanaques y no resultan creíbles. Él vive en otro estado pero va a venir a pasar unos días de vacaciones a Miami a fin de mes y quiere conocerme. Yo le sigo la cuerda esperando no tener esa oportunidad porque no tendría mucho objeto el salir con un joven que ¡podría ser mi hijo! Imagino que estos son chicos que andan buscando justamente una figura materna a la cual aferrarse o que creen que una mujer mayor será más competente en cuanto a su desempeño sexual. Supongo que no piensan más que en divertirse con ella y no les pasa por la cabeza la idea de un compromiso a largo plazo. Y claro que yo no estoy para estos jueguitos. Pero puedo deducir por lo que he leído sobre este tema que existen muchas mujeres de 40 a 50 años aprovechándose de los hombres de 20 a 30, gracias a las facilidades que les brinda el romance en línea.

Oswaldo me narró en nuestra primera cita sus dos fracasos matrimoniales y la opinión que tiene sobre este sistema para buscar pareja. Me comentó que algunos conocidos suyos han logrado casarse gracias a los sitios *web* que les permitieron acceso a un gran número de personas del sexo opuesto, pero que también sabe de malas experiencias, como el de las mujeres (sobre todo las norteamericanas) que mienten en forma descarada en cuanto a su edad y su peso. Y parece que para los hombres el asunto del peso es uno de lo más importantes.

No les gustan las gordas. ¡Es aquí donde yo destaco debido a mi cuerpo atlético y bien torneado!

Oswaldo me pareció sincero en sus deseos de encontrar a la mujer de sus sueños y casarse nuevamente. Creo que, en el fondo, la mayor parte de los hombres que ingresan al sistema están en la búsqueda de lo mismo. La minoría son los que entran sólo por jugar o aprovecharse de las mujeres en circulación. El romance se ha vuelto a poner de moda.

Hago todo lo necesario para ello, pero no logro sacar a Mark de mi mente. Cuando regrese mi galán de pelo largo, me dedicaré a cultivar esa relación y tal vez, muy pronto, vuelva a hacer el amor con un hombre que me haga vibrar palmo a palmo y me conduzca a experimentar un orgasmo, sensación que no tengo desde hace año y medio y que anhelo sentir nuevamente al lado de un amante del que yo me sienta enamorada y ése, por el momento, sólo puede ser y es mi Mark.

Pues bien, estoy más que asombrada por la cantidad de profesionales, gerentes y empresarios con los que se puede llegar a contactar a través de los mejores sitios *web* de citas en línea ¡y es que ya son más de 800 sitios dedicados a esto en el ciberespacio!

Uno de mis recientes pretendientes, Douglas, es un ingeniero industrial que trabaja como gerente de mercadotecnia de una gran empresa y hasta tiene ¡su propio yate! Me ha invitado a comer a un fino restaurante este sábado. Por las fotos parece bastante apuesto. Tiene 41 años y solo un hijo que vive en el extranjero con su madre. Juega al golf y es dueño de una preciosa casa en Naples. El problema es que vive muy lejos de mi zona. Si se lo cuento a mis amigas y familiares cercanos, seguro que me dirían que éste es el candidato ideal para mí.

De todos modos, conocer gente de este nivel me conviene para la investigación periodística sobre romance en línea. Me queda claro que, por lo menos aquí en los Estados Unidos, los principales sitios *web* ya no son requeridos solamente por los "perdedores" como se creía antes. Por el contrario, cada día son más los hombres y mujeres de buen nivel que los emplean.

Y mientras tanto, mientras estoy en la cuenta regresiva de los días que quedan para abrazar a mi Mark, me pregunto si él regresará con el mismo amor que tenía hacia mí cuando partió, ¡un amor que parecía tan pero tan prometedor! Yo sólo pienso en él cuando escucho música romántica y no hay nadie que, por el momento, se acerque ni de lejos a hacerle competencia. El tiempo dirá si prevalecen la pasión y el romance o terminan ganando la cordura y la razón. Si el triunfo fuera para las dos últimas, tal vez Mark no sea más que otra gran ilusión en mi vida, como lo fuera Antonio para Mónica, de quien ya no le queda más que un lejano recuerdo.

Cómo evitar quedarse en casa plantada un sábado por la noche

Ocurre con tanta frecuencia que la mayoría de mujeres, de todas las edades y sin importar su belleza, ha experimentado alguna vez un "plantón", una llamada de último minuto cancelando una cita cuando una ya está vestida, maquillada, perfumada y lista para salir y nada peor que esto suceda un sábado por la noche, cuando una tiene más ganas de divertirse y no resulta nada agradable quedarse sola en casa mirando televisión.

Entonces, como bien dice el refrán, más vale prevenir que lamentar.

Mi larga experiencia con las citas en línea, con decenas de "plantones", me ha conducido a utilizar un método que puede parecer muy frío y calculador pero que funciona y evita que suframos como consecuencia de tales desplantes. He aquí mis sugerencias, probadas en la práctica hasta hacer de ellas una receta casi infalible:

1. Durante la semana, cuando aceptamos una cita con un hombre, le pedimos que confirme el mismo día en que vamos a salir con, al menos, dos horas de anticipación para estar seguras de que efectivamente nos encontrará en el lugar pactado. Se le puede pedir también que, en el caso de cancelar por cualquier motivo, lo haga lo antes

posible y no espere al último minuto. "Te ruego me avises con anticipación si por alguna razón no vas a poder finalmente encontrarte conmigo". Es una de las frases que suelo utilizar para indicarles que no me gusta que me inviten a salir para luego dejarme colgada.

2. En cuanto el caballero ha confirmado por teléfono que sí va a poder vernos esa misma noche, se apela a un último recurso para estar totalmente seguras de que dice la verdad (porque hay algunos que a pesar de haber dicho en la mañana, por ejemplo, que la cita está confirmada, luego cambian de opinión horas más tarde). Y entonces se pueden usar frases como la siguiente: "¿Serías tan amable de llamarme en el momento que salgas de tu casa para confirmar que ya estás en camino?" Si logramos que haga esto podemos estar cien por ciento seguras de que el hombre en cuestión, efectivamente, está yendo a nuestro encuentro.

3. Es de suma importancia también contar con el número del teléfono celular de nuestro amigo para, en último caso, contactarlo nosotras mismas si él no lo ha hecho antes, de acuerdo a lo planeado.

4. Como nunca se sabe si se puede confiar en la palabra de un hombre que uno conoce en línea y con el cual nos vamos a encontrar por primera vez en persona, es aconsejable tener uno o dos suplentes "en reserva" para reemplazarlo por si él nos falla.

Imaginemos que hay tres caballeros que quieren salir con nosotras un sábado por la noche. Se acepta primero la invitación del que más nos gusta, claro, pero a los otros se les da una explicación que deja pendiente la confirmación de la cita, de la siguiente manera: "No es-

119

toy segura si podré verte este sábado por la noche, aunque me encantaría, pero déjame confirmarte a eso de las 7:30 p.m. Yo te llamo por teléfono, ¿de acuerdo?"

La cita con el primero en la lista está fijada para las 9:00 p.m., por ejemplo, y le hemos pedido que nos confirme si va a poder venir con dos horas de anticipación como mínimo. Es aconsejable llamar al segundo de la lista, de todos modos, para quedar bien, pidiéndole disculpas por no poder verlo esa noche y fijando una cita para otra fecha. Lo mismo si hubiera un tercero pendiente.

Nosotras debemos proceder tal como nos gustaría que ellos procedieran con nosotras: con amabilidad y consideración.

Veamos un ejemplo concreto de cómo esto funciona.

"Mi amigo Mario me había invitado a salir el sábado, pero en la mañana se apareció Will en el foro de chat y me pidió vernos esa misma noche. Como Will me gusta mucho más que Mario le respondí afirmativamente pero le pedí que de todas maneras me llamara con dos horas de antelación como mínimo para confirmar. Horas después, Marco Antonio también me invitaba a ir al cine y le dije que me permitiera llamarlo en la noche para darle una respuesta.

¿Qué hice con Mario? No lo llamé para cancelar la cita porque no estaba totalmente segura de que Will se fuera a aparecer. A una hora prudente, a eso de las 4:30 p.m. lo llamé para decirle que se me había presentado un pequeño inconveniente, que iba a tratar de salvarlo y que, de todos modos, lo llamaba a eso de las 8 p.m. para confirmarle si iba a ser posible que nos reuniéramos o si íbamos a tener que cambiar de fecha.

Cuando Will me llamó para decirme que se sentía mal, que tenía un dolor de cabeza muy fuerte producido por una sinusitis, no me

120

produjo ningún *shock* y mi reacción fue tan natural y alegre como si no me importara que me estuviera colgando un sábado por la noche. Al rato llamé a Mario comentándole la "buena noticia" de que había solucionado el pequeño inconveniente y que estaba lista para salir con él; también me comuniqué por teléfono con Marco Antonio para disculparme y pedirle un *rain check* como dicen en inglés.

El método funcionó demostrándome, una vez más, que siempre es prudente jugar con varias cartas bajo la manga... ¿o no?"

No todo es color de rosa

Algunos usuarios de las citas han reclamado sintiéndose estafados. La investigación de *Nielsen* descubrió que el 11% de los visitantes de dichos sitios en línea eran personas casadas. Docenas de consejeros de parejas reportan destrucción de matrimonios por la causal de infidelidad en línea, modalidad hasta hace poco no conocida en los consultorios.

El 83% de los usuarios de Internet que usan los foros de chat *Married and Flirting* o *Married but Flirting*, dicen que chatear y coquetear con otros no significa traicionar al cónyuge, de acuerdo a un estudio del año 2003 de la Universidad de Miami.

Un informe sobre el adulterio emitido por la CNN con fecha 14 de febrero del 2004 sostiene que las dos terceras partes de los abogados que tramitan divorcios actualmente en los Estados Unidos han escuchado mencionar el romance e involucramiento sexual posterior de uno de los cónyuges con alguien que conoció por Internet.

Pero los problemas no se refieren sólo al estado civil de los que conectan entre sí, sino también a la forma en que algunos se han quedado con el dinero de otras o viceversa.

En la edición de *The Sun-Herald* del dos de febrero de 2004, Terry McCarthy reveló cómo había sido estafado por una joven pelirroja rusa por Internet. La mujer trabajaba para su marido en la vida real y había recaudado la exorbitante suma de 1,5 millones de dólares, 1500 hombres a nivel mundial, ofreciendo un apasionado encuentro sexual a cambio de cierta cantidad que ella necesitaba con urgencia para saldar una deuda.

Molly Meagher de *The NSW Government*, aconseja como primera medida revisar la reputación del sitio al que se ingresa, que debe tener una dirección física (no sólo virtual). Además, no es aconsejable brindar ningún tipo de información relacionada con cuentas bancarias, números de tarjetas de crédito y otros detalles personales que personas inescrupulosas podrían emplear en perjuicio del ingenuo enamorado.

De acuerdo a un artículo publicado en el diario *The Jewish Daily Forward*, Iván Turquiza, un hombre de Orlando, Florida, que usaba el servicio de citas en línea de la comunidad judía *JDate* para estafar mujeres de esa religión, fue arrestado en Broward County por estafas calculadas en 21.000 dólares.

Aunque Iván Turquiza no es judío, confesó a la policía que se aprovechaba de las mujeres de esa religión porque sabía que tenían más dinero que el común de las damas. Se calcula que embaucó a por lo menos 15 mujeres, robándoles tarjetas de crédito, cheques personales y hasta un auto a una de ellas.

A raíz de la noticia, *JDate* ha sido duramente criticado por representantes de la comunidad judía de Broward, por no restringir el acceso a su sitio solamente a los judíos.

Gail Laguna, vocero oficial de *JDate* en Miami asegura que al servicio de citas en línea en general le resulta imposible monitorear las actividades de sus usuarios una vez que éstos se encuentran fuera del sitio.

Laguna, quien reconoce que *JDate* se encuentra limitado en su capacidad de ayudar a sus 700,000 usuarios en materia de seguridad, comenta:

"Cualquiera puede ingresar a nuestro sitio sin que se le haga una revisión con respecto a los datos personales que presenta en el perfil o su pasado delictivo (si es que la persona lo tuviera). Sólo en el caso de que la persona enviara fotos obscenas o utilizara malas palabras al dirigirse a otros usuarios dentro de su comunicación en línea, entonces se la retiraría del servicio.

Nosotros no podemos ser "chaperones" de nuestros usuarios en sus citas fuera del sitio. No podemos enterarnos de lo que hacen fuera de nuestro sitio. La gente también puede mentir sobre sí misma si busca pareja en un bar. Nadie puede garantizar un servicio de citas en línea libre de mentiras o de estafadores. Lo que sí podemos hacer es dar consejo en cuanto a medidas de seguridad que los usuarios pueden tomar, sobre todo las mujeres, y esa información la encuentran en nuestro sitio".

Los riesgos no se limitan a ser engañados por gente que falsea su identidad personal o por supuestos solteros que en realidad son hombres casados. Los hay también que atentan contra la integridad física.

En cuanto al costo psicológico que el uso de este servicio implica, la Dra. C. Whitty precisa que las relaciones en línea suelen ser sumamente rápidas, haciendo creer a los implicados que se conocen bien cuando en realidad sólo tienen una leve idea de quién es el otro.

Además, cuando uno interactúa en línea no experimenta el impacto del lenguaje corporal y de las señales de aviso que sí ocurren en el encuentro cara a cara. También hay que considerar que uno está tomando la palabra de la otra persona como algo confiable, cuando ésta puede estar escribiendo el mismo mensaje a dos o cinco personas más al mismo tiempo.

Por último, uno puede estar dando una falsa imagen de sí mismo debido a la desinhibición que el medio permite y que no se corresponde con la realidad.

Recientemente, la empresa *True*, una de las más nuevas en el negocio de citas en línea, decidió lanzar una campaña de seguridad con el objetivo de proteger a sus usuarios de posibles interacciones con criminales y depravados sexuales.

Además, la empresa anuncia que empleará tecnología de punta para proteger a sus clientes de relacionarse con delincuentes. Los interesados en suscribirse al servicio tendrán que ser sometidos a revisiones de sus respectivos perfiles y si no pasan las distintas pruebas entonces no se los acepta. Este sitio *web* también tiene planeado agregar un servicio de escrutinio del estado civil de los interesados en suscribirse y de los miembros que lo hicieron anteriormente.

El director ejecutivo de la empresa *True*, Herb Vest, dice que su sitio *web* brindará en breve un ambiente sumamente seguro para encontrar pareja y establecer relaciones amorosas serias, porque su mayor preocupación es eliminar a los estafadores que se hacen pasar por quienes en realidad no son o desean aprovecharse de las mujeres que frecuentan el sitio.

La propuesta de *True* en legislación sobre seguridad en las citas en línea recomienda que todas las empresas que brindan estos servicios realicen búsquedas sobre conductas delictivas en sus clientes y que aquellas que no pudieran hacerlo coloquen un aviso sobre los potenciales peligros de seguridad a los que se ven expuestos quienes usan los servicios en línea.

En opinión de Mario Gomes, director y gerente de *LivingDating.com*, esta idea es viable y conveniente pero tendrá un efecto inmediato sobre los usuarios ya que como consecuencia de ella se prevé el aumento en el precio de la mensualidad, la que podría inclusive duplicarse.

Sin embargo, a pesar de los riesgos, y aunque los precios aumenten, *Comscore Networks*, un sitio de Internet que analiza el comportamiento de los usuarios de Internet, pro-

125

nostica que el ritmo de crecimiento de los sitios dedicados al romance en línea seguirá acelerándose, considerando que en los últimos dos años ha sido de más de un 500%, lo que ha hecho que estos sitios *web* sean los más valorados actualmente en el Internet.

¡Cuán difíciles de entender son los hombres, por Dios! El mismo galán enamorado que me decía hace poco que yo era "el amor de su vida", regresó la noche de ayer de un largo viaje a México, después de 24 días de estar separados, y no me llamó por teléfono ni desde el aeropuerto ni desde su casa. La excusa: llegó muy tarde y estresado. Mientras tanto, yo le dejaba grabados cuatro mensajes en total: dos en cada uno de sus celulares, pidiéndole que se comunicara conmigo esa misma noche, aunque fuera muy tarde. Pero no lo hizo.

Lo peor de todo sucedió hoy cuando creí que me iba a llamar en cuanto se despertara. Pero tampoco fue así. La excusa: se despertó retrasado para ir a sus clases de computación en la universidad porque no escuchó la alarma y tuvo que correr de una clase a otra (porque además ha perdido varias y tiene que ponerse al día) y luego por la tarde, tampoco pudo llamarme porque tenía que dictar clases particulares de guitarra a sus alumnos. Mientras tanto yo no hacía mas que pensar en él, como una quinceañera enamorada que suspira y se apena suponiendo lo peor. ¡Llegué a imaginar que Mark había cambiado de opinión con respecto a nuestra relación!

No pudiendo soportar la angustia ni por un momento más, lo llamé a las 7 p.m. y me respondió como si nada pasara. Su rápida salida fue que "justo estaba por llamarme" porque acababa de dictar su última clase. Me dio todas las excusas que acabo de mencionar y me pidió que entendiera que por ser su primer día de regreso a Miami, se le habían juntado todas las cosas y por eso andaba en esas carreras.

—Te comprendo, Mark, no te preocupes —le dije sin poder ocultar la pena que me produjo el no tener noticias suyas desde su retorno. Sobre todo cuando yo le había enviado una tarjeta de amor muy bonita que él leyó, según me informó el mismo sitio *web* que la envió, pero que tampoco tuvo tiempo de responder.

—¿Quieres verme esta noche? —le pregunté como quien no quiere la cosa.

—Claro que quiero verte, muñeca, pero no me va a ser posible ni hoy ni mañana.

El baldazo de agua fría que me cayó me produjo un gran nudo en la garganta y la voz se me partió en varias ocasiones durante el resto de nuestra conversación.

—Pero Mark, llevamos separados 24 días, he llevado la cuenta de cada uno de ellos quiero y necesito verte lo antes posible.

—Yo también te extraño mucho, cariño, — agregó con un tono de voz almibarado. Pero ocurre que Joaquín García, el cantante con el que viajamos a México quiere que nos reunamos hoy para planificar otras actividades juntos y aparte mi banda tiene que reunirse el martes para ver lo que haremos de ahora en adelante. Nos corresponde ahora planificar, ¿entiendes?

—Pero después de haber estado tanto tiempo juntos, ¿tienen que reunirse justo acabando de llegar?

—Así es, mi amor. Son exigencias de mi carrera y espero comprendas. Yo no puedo decir no a compromisos profesionales importantes. Ponte en mi lugar, imagínate que te contrata una cadena de televisión muy importante y que tienes un horario difícil de trabajo, yo te apoyaría porque sabría que así te lo demanda tu empleo.

—Mira, Mark, yo te entiendo, te dije que te iba a apoyar, que quería ser tu brazo derecho y no un obstáculo en tu vocación pero también creo que una relación amorosa necesita ser cuidada, requiere de tiempo y dedicación y ¡no sé cómo vamos a lograr esto si nunca nos vemos!

—No te preocupes, muñeca, vamos a encontrar una fórmula, yo sé que tú quieres verme más seguido y quiero que estés segura de algo: yo también lo deseo así, pero ¿qué puedo hacer por el momento? ¿quieres que diga no a mis obligaciones y mande todo a rodar?

—No, Mark, no quiero eso, lo único que quiero es que seas honesto conmigo. Te confieso que hoy pensé que el mensaje que me estabas dando con tu silencio era que ya no querías apostar por nuestra relación.

—¿Cómo puedes decir eso, mi amor? Yo te he extrañado muchísimo y deseo compartir el mayor tiempo posible contigo, pero no sé cómo lograrlo.

—Piénsalo, por favor, piénsalo, sólo tú puedes encontrar una respuesta para este asunto. Este miércoles cuando nos veamos conversaremos sobre esto para tratar de ver nuestro futuro juntos con más claridad ¿te parece?

—Claro, mi bebé, es lo que deseo, que lleguemos a un acuerdo. Si se suspende la reunión de mañana, te llamo y nos vemos antes.

—Está bien, cariño. Espero tu llamada. De ti depende el día y la hora de nuestro encuentro. Ya te dije que estoy dispuesta a ir hacia donde tú te encuentres en el momento en que te parezca que podemos vernos. No tienes que ser tú el que venga a verme siempre, yo tengo más tiempo libre y puedo adaptarme a tus horarios.

—Lo sé, muñeca, y te lo agradezco. Te llamo entonces, te mando un gran beso. ¡Muuuuaaaaa!

Lo último que escuché en el teléfono fue el sonoro beso dado por un hombre que creí se estaba enamorando realmente de mí. Mas ahora ya no sé qué creer. Me temo que pueda haber conversado con alguno de sus amigos durante su viaje y que le hayan metido ideas negativas en la cabeza (con respecto a mi edad o a mis demandas de tiempo que perjudicarían su carrera), o que se haya dado cuenta de que yo estoy buscando un compromiso serio y a corto plazo porque no estoy como para aguantar en plan de "novia" por largo plazo. En fin, ¿qué podrá ser? Tal vez mirándolo a los ojos la próxima vez que nos veamos, pueda descubrir la verdad.

Reconozco que esto no me gusta nada. Es más, me duele. Me había prometido a mí misma que, después del fallecimiento de mi esposo, no iba a derramar ni una sola lágrima por ningún otro hombre, pero ¡cuán duro me resulta cumplir esa promesa! Lo cierto es que no debo ilusionarme demasiado ni mucho menos aferrarme a Mark porque como buen artista que es, puede que resulte muy voluble y cambie de opinión con frecuencia, de ser así, tampoco sería el hombre ideal para mí, a pesar del fuego y la maravillosa química que existe entre nosotros.

Mientras tanto, de todos los otros candidatos aparecidos recientemente, ninguno me atrae lo suficiente. Hoy no saldré. No sé qué pasará mañana por la noche. ¡Pero tampoco voy a echarme a llorar por un hombre que tal vez no me merece! Ahora bien, si de verdad le interesto, ¡que me lo demuestre! Le daré un tiempo antes de tomar una decisión sobre si continuar o no con él. No debo apresurarme. Me gusta demasiado como para echarlo todo por la borda. ¿Qué pasaría si de verdad estuviera siendo sincero conmigo? A veces los hombres son tan distraídos o descuidados que no se dan cuenta de las consecuencias de sus actos hasta después que han metido la pata ¡y bien a fondo! Algunos no lo hacen con premeditación y alevosía. Y éste podría ser el caso de Mark. Voy a darle otra oportunidad entonces, a ver qué pasa. Voy a tomar un baño de burbujas, a poner música alegre, a ver algún programa cómico en la TV y a tratar de cumplir con mi promesa ¡de no sufrir por causa de ningún hombre!

Anoche, antes de retirarme a descansar, conversé por chat con mi compañera de oficina María Antonia y le escribí un *e-mail* a Elena, mi amiga de infancia. Ambas me dijeron cosas muy valiosas y centradas sobre mi relación con Mark, las que he sabido aquilatar y me han tranquilizado un poco.

Elena cree que es muy pronto para saber si Mark se está desanimando o no, pues nuestra relación recién comienza, y no ha habido aún intimidad. Habría que darle un poco de tiempo y estar muy alerta porque, según Elena, yo tengo las cosas claras; y él quizás no tanto. Ella sabe que yo quiero una relación estable conducente a matrimonio, mientras que Mark no debe estar tan interesado en casarse por tercera vez, al menos no tan pronto.

María Antonia, por su parte, me dice que no es buena idea que juzgue a Mark con la misma vara mía. Yo soy una mujer enamorada, muy romántica y soñadora que cree en el amor verdadero pues lo tuvo durante 24 años, en cambio Mark tiene una vida inestable, un hijo pequeño que representa una gran responsabilidad, y viene de dos fracasos amorosos. Aunque él diga que la culpa fue de las dos esposas que tuvo —y si lo dice es peor aún porque muestra inmadurez emocional—, alguna cosa habrá hecho mal él también.

Por otro lado, un músico por lo general viaja de aquí para allá, tiene muchos compromisos y mucha libertad, y muchos amigos que beben y usan drogas, y muchas mujeres que lo buscan y se le lanzan, y claro, todo esto afecta la relación. No debe ser una casualidad que Mark, siendo tan joven (para haber estado casado dos veces) ya se haya divorciado dos veces.

Mi colega periodista me alienta a que, a pesar de esto, no me desanime; pero tampoco me muestre muy urgida de verlo porque a ciertos hombres no les gusta para nada eso, pues se asustan. Es mejor no soñar tanto, ni ver todas las cosas bajo el prisma del amor. Preferible es andar despacio, no dejando que la pasión nos ciegue y, como están las cosas, mejor esperar más para tener intimidad, hasta estar segura de que Mark está tan interesado en una relación estable como yo.

"Sí, tienes razón, no llores porque no vale la pena y además la relación de ustedes recién comienza y no puedes exigir ni esperar un compromiso total cuando lo de ustedes aún está en pañales", concluye mi amiga de oficina en su mensaje.

Estoy de acuerdo con ella en la mayoría de sus afirmaciones. Y lo mismo me ha pasado con mi jefe Rafael, que en el fondo es también un buen amigo. Anoche me sorprendió con un equilibrado diagnóstico de mi situación desde la perspectiva que más me interesa ahora conocer: la opinión de un hombre.

"Típicamente para los hombres, toma más de una docena de citas el establecer el engranaje de una buena relación. Podrían haber algunas experiencias de alta calidad o de tipo dramático que acelerarían la generación de ese lazo amoroso, profundo y verdadero, que tú estás buscando, pero todavía no es el caso de ustedes. Solamente han tenido unas seis o siete citas y eso no basta para que él se sienta realmente comprometido contigo. Usualmente puede tomar entre tres y seis meses antes de que el hombre esté seguro de que ama a una mujer. Yo creo que tú eres el tipo de persona que a él le gusta porque tienes las buenas cualidades que está buscando. Él está viviendo el proceso de enamorarse de ti pero tiene una carrera establecida, una vocación a la que ha dedicado buena parte de su vida. Su profesión es por naturaleza caótica, no estructurada, azarosa, lo que le conduce a tomar decisiones de último minuto, a sacar ventaja de las cosas que se le presentan en el camino. Es un estilo de vida muy fluído, sin parámetros. Y eso lo tienes que tomar muy en cuenta. El se está enamorando de ti… pero mientras ustedes no fortalezcan ese lazo con el tiempo y tengan experiencias de calidad juntos, él reaccionará a favor de su carrera ya establecida por encima de su corazón todavía no establecido. Hasta que su corazón se establezca y entonces comience a favorecer a su relación amorosa por encima de su carrera. Pero habrá momentos de difícil decisión y tú no deberás forzarlo. Si tratas de afectar su carrera y causarle algún tipo de perjuicio, él comenzará a perder respeto por ti, viéndote como egoísta y consentida. Primero tienes que entender su profesión, entenderlo a él y a partir de allí monitorear el progreso de la relación de ustedes. Entonces, disminuye la velocidad, no lo cuestiones, no le pidas explicaciones. Tómalo con calma y comienza a gozar del poco tiempo en que puedan estar juntos por ahora. Si tú lo apoyas, él te apoyará. Si tú lo amas, él te amará. No olvides que su prioridad número uno es su hijo y que, mientras más das, más recibes".

La conversación con Rafael me fascinó y me hizo mucho bien. Le agradecí una y mil veces por sus palabras. Inclusive los expertos en comunicación como yo, requieren consultar con otros y escuchar diversas opiniones. De nada sirve guardarse las inquietudes o problemas pretendiendo, ingenuamente, poder resolverlos solos. Mucho mejor es compartir con otros, "echar todo para afuera", porque las ideas de los demás nos dan nuevas luces y porque, finalmente, no hay mejor terapia que la propia catarsis.

Perfecto. Esperaré a que Mark me llame. Lo veré el día que él pueda y tomaré nuestro enamoramiento con tanta calma que se sorprenderá de mi madurez y equilibrio. ¡Ah!... ¡Y no perderé la hermosa sonrisa que siempre adorna mi boca y que sé que él aprecia tanto!

Hoy, mientras estaba pensando en Mark, ¡para variar!, apareció mi pretendiente-niño en el foro de chat. Tiene sólo 25 años pero me persigue con una insistencia y una pasión que ya me produce cierto temor. El vendrá a Miami la próxima semana con motivo de su cumpleaños, pues vive en otro estado, y dice que quiere conocerme a como dé lugar, aunque ya le dije que tengo enamorado y que no soy el tipo de mujer que se aprovecha del interés de un jovencito sólo por pasarla bien un día o una noche.

Esto me trae a la memoria el testimonio de una de las mujeres que entrevisté con motivo de mi investigación periodística sobre el *online dating*. Esta chica de la *Florida International University* me contó con detalles cómo se había acostado con un noruego por una noche, aun sabiendo que jamás lo vería otra vez, porque se conocieron en Internet y él estaba de paso por su ciudad. Como yo no se lo podía creer, ella me dijo: "Yo sabía que no podría haber nada entre nosotros pero ante su cuerpo musculoso y atlético y sus ojos azules tan profundos no me pude resistir y pasé una noche maravillosa de pasión inolvidable y no me arrepiento en lo mas mínimo". Yo estaba anonadada ante su respuesta (aunque ahora ya nada me sorprende) e ingenuamente le pregunté: "¿Pero no corrías el riesgo de enamorarte de ese noruego? ¿Cómo puedes separar el amor del sexo, y convertir un acto de amor en algo tan animal? " y ella matándose de risa me respondió: "¿De qué planeta vienes, ah?"

Bueno, como esa chica tan liberal hay miles en el mundo del amor en línea y son de las que tienen muchos amoríos aquí y allá; pero generalmente no se casan ni tienen una pareja estable, ni hijos tampoco.

Otro caso que recuerdo fue el de una profesora universitaria a la que entrevisté al saber que ella también hacía uso de las citas en línea para conseguir parejas y divertirse. Ella tiene algo menos de 50 años, y es muy coqueta y simpática.

Me contó que había tenido una relación tórrida con un marroquí de sólo 25 años con el que chateó un par de veces, y yo le comenté que esas relaciones no tienen ningún futuro, que sólo es algo físico, y menos aun con alguien de una cultura tan machista, pero ella me contestó muy suelta de huesos: "No, él era muy maduro y muy sensual y pasamos un verano maravilloso y si se presentara la oportunidad, lo haría de nuevo sin pensarlo dos veces".

Me confesó luego que nunca se había casado y que tampoco tenía parejas estables. Claro, que no es justo que cuando un hombre maduro es el que se lanza con una jovencita, no esté mal visto como cuando la situación es a la inversa. Sin embargo, en ambos casos estoy segura que una vez que la pasión se termina en ese tipo de relaciones basadas en lo físico, no queda nada excepto los recuerdos.

Siempre había creído que una mujer necesitaba un poco de romance, un poco de apego con la persona con la que tiene intimidad. Pero descubrí que estaba muy equivocada. En medio de mis investigaciones sobre los tipos de romance que se dan en el amor en línea, encontré muchas mujeres que describían a su "novio" a partir de sus características más superficiales, por ejemplo así: "Es guapo, inteligente, sexy, cariñoso, tiene un trasero maravilloso (o piernas regias), y… también un buen trabajo". Cuando yo les preguntaba: " ¿Y para cuándo es la boda ?" decían: "Ah, eso no sé, porque él está casado". La primera vez que me lo dijeron casi me desmayo, y agregué tímidamente: "¿Pero entonces no es una relación seria?". Y la respuesta a esta reacción "anticuada" siempre es algo así como: "ese no es mi problema, el casado y con hijos es él, no yo". En Internet hay miles de mujeres (y más hombres) sin escrúpulos, moral, ni ética, que sólo obedecen al llamado de sus instintos, y aunque nos resulte difícil de creer, algunas… ¡se la pasan pipa! (como dicen los españoles).

Pero como yo soy harina de otro costal, no quiero ni puedo tener absolutamente nada con Shaun. Y he sido sincera al decírselo. No estoy jugando con sus sentimientos. Las veces que chateamos lo hago por dos simples razones: porque me agrada que alguien vea en mí tantas cualidades (¡como cuando me dice que soy la mujer más sexy de toda la Florida!), lo que mantiene elevada mi autoestima, y para practicar mi inglés, pues cada vez chateo menos y me concentro más en el único hombre que por el momento parece interesarme: Mark.

Otro de los galanes que tenía alguna posibilidad de conocerme en ausencia de mi músico, pero no la supo aprovechar, es un venezolano, descendiente de italianos, de 33 años, de cuerpo atlético y bonitas facciones, que resulta un encanto cuando habla por teléfono pero que no pudo reunirse conmigo en las dos ocasiones en las que estuvimos por hacerlo (una por la gripe y la otra por exceso de trabajo). No sé qué objeto tendría que saliera con él sólo por darme el gusto de conocerlo, aunque debo reconocer que me ha gustado el estilo de sus *e-mails* y de sus conversaciones telefónicas, pues hoy debo darle la estocada final a mi relación con Mark y definirnos como pareja. Pero mi excusa es este libro inconcluso y mientras ninguno de los hombres que dice tener interés en mí da reales muestras de ello, ¡yo sigo libre como el viento! Ya no creo en palabras huecas, de ésas que pululan en el romance en línea, los hechos son los que hablan y hasta ahora, Mark no me ha hablado claramente a través de ellos ¿Se lo diré esta noche o me haré la interesante?

Razones y ventajas del sistema

¿Cuáles son las ventajas del flirteo en línea que atrae a millones de personas y qué razones esgrimen para utilizar el ciber romance en reemplazo de otras vías? En opinión de la Dra. Andrea Baker, profesora asociada de Sociología en la Universidad de Ohio y autora del libro *Double Click: Romance and Commitment Among Online Couples*, éstas son muchas, pero destaca el tener más intereses en común con la futura pareja y haberse preseleccionado después de estudiar bien los "perfiles" de decenas o cientos de candidatos.

También resulta importante haber mantenido comunicación con varias personas a la vez, prolongando la correspondencia por cierto tiempo, lo que permite conocer mejor a aquella con la que luego uno se encontrará cara a cara, y haber desarrollado un estilo de comunicación propio que podrá ser luego aplicado en la relación de pareja. Finalmente, haber conversado telefónicamente sin contar con el elemento "atractivo físico" como el primero que los motivó a interesarse el uno en el otro, sería otra ventaja interesante.

Mientras que en un bar el flirteo consiste en ubicar una persona hacia la cual uno se sienta atraído físicamente, el coqueteo en línea funciona al revés. Sucede en presencia de cualquier cosa menos de la atracción física. Esta podría ser estimulada por las fotos que publica el candidato, pero no

136

funciona como el ingrediente principal de la relación que se establece. La elección se produce a partir de los gustos, intereses, inclinaciones y creencias que quien se oferta a sí mismo publica en su página *web*.

Claro que el método también tiene sus desventajas. "El cortejo por Internet es realmente tortuoso" aclara Mark R., quien encontró a su actual novia luego de varios meses de búsqueda en línea. Él vivía en Arizona hasta que decidió mudarse a Florida, donde vive su pareja virtual. "Era tal el uso que hacíamos del chat, los mensajes y el teléfono que me di cuenta que no podíamos estar el uno lejos del otro", sostiene.

"Lo que marca la diferencia con relación a un bar de solteros es que uno tiene completo control de la situación. Uno puede controlar cuán rápida o lentamente permite que la relación avance. Inclusive uno puede guardar reserva de su identidad hasta que esté seguro de poder confiar en la otra persona", precisa Steven McArthur, ejecutivo de AOL.

"Y con un clic del ratón y un mensaje instantáneo, usted no tiene que esperar al fin de semana para conectarse con la persona que le interesa contactar", asegura el ejecutivo.

En una encuesta realizada por la revista *Elle* y la estación de TV *MSNBC* durante el mes de febrero de 2004 entre 15,000 personas, la tercera parte de las mujeres y la mitad de los hombres consultados habían hecho uso de algún sitio *web* de pornografía, temas sexuales o romance en línea.

Los entrevistados declararon que la "*pornosphere*" estaba beneficiando su vida sexual en gran medida. Entre los que utilizaban el servicio para citas personales, el 44% de mujeres y el 33% de hombres informaron tener más citas que antes de emplearlo, más sexo y más relaciones amorosas.

Lo que más sorprendió a Janet Lever, la autora de la encuesta arriba citada, socióloga de *California State University* en Los Ángeles, es cuán positivamente están actuando las mujeres que ingresan al mundo de los contactos personales en línea. El 49% de las mujeres entrevistadas dijo estar satisfechas con los resultados obtenidos hasta el momento versus el 36% de los hombres.

"Esto podría deberse a que, como hay menos mujeres que hombres haciendo uso de estos servicios, ellas se encuentran más "en vitrina" y son más buscadas y pretendidas", sostiene la Dra. Lever.

"Protegidas por el anonimato y el poder de eliminar a los pretendientes incómodos al clic del ratón, las mujeres están tomando la iniciativa e inclusive son las que invitan a salir a los hombres que les interesan, cosa que no era muy bien vista hasta hace poco en nuestra sociedad occidental y cristiana", agrega la socióloga.

"Casi tres cuartas partes de los que concretan citas personales llegan a tener relaciones sexuales con la pareja de turno, pero más mujeres que hombres reportan un cambio positivo en el conjunto de su vida social, incluyendo haber encontrado una pareja definitiva", concluye la investigadora.

Anoche Mark y yo tuvimos dos horas de conversación romántica, llena de besos y caricias, contemplando el mar y dejándonos encandilar por un viento tibio pero fuerte que despeinaba nuestros cabellos.

Nos dijimos todo lo que necesitábamos escuchar y saber para ratificar nuestra relación y sentirnos más comprometidos. ¡Eso me hizo tan feliz! Y hoy desperté eufórica. Tengo la sensación de que lo nuestro va en serio y que se trata de un romance bello, puro y con mucho fuego, ¡como a él le gusta! Sus besos me fascinan. No los puedo comparar con los de mi esposo, claro, porque mis sentimientos con relación a Mark recién se están configurando, pero si los comparo con los de Alvaro, los de Eric y los de Andy (mis únicos pretendientes, de entre unos 20, que lograron arrancarme algunos besos) he de reconocer que los de mi músico son los únicos que me llevan al cielo, en un éxtasis tal que me olvido de todo lo que ocurre alrededor y me concentro sólo en él y en la hermosura de nuestro amor.

Mark me explicó con lujo de detalles porqué no me había podido llamar el lunes y me prometió que iba a tratar de conseguir más tiempo para nosotros porque coincidía conmigo en que hay que dedicarse a cultivar la relación si se quiere que ésta prospere. Me susurró al oído que pronto iba a planear "nuestra gran noche" y no pude ocultar que tal idea me atrae tanto como a él. Como Mark me dijo una vez en un *e-mail*, creo que cuando hagamos el amor por primera vez ¡vamos a llorar de felicidad! ¡Es tan especial la atracción que sentimos el uno por el otro!

Hablamos de nuestras expectativas con respecto a nuestra relación de pareja, de nuestras dudas y temores. Nos contamos nuestros sueños, lo que espera cada uno del ser amado y nuestra visión del futuro. Coincidimos casi totalmente.

Me encantó escucharlo decir: "Sé que tú serías incapaz de jugar con mis sentimientos y yo mucho menos con los tuyos". Y le creo.

El se excitó mucho cuando le besaba la oreja y le acariciaba el pecho, pero no se sobrepasó conmigo ni una sola vez y sólo se atrevió a acariciarme encima de la ropa. Me respeta y sabe que yo soy, de verdad, la mujer pura que se guarda para el hombre de su vida.

Tips para hombres que desean triunfar
en el online dating

Una de las quejas más usuales que se escuchan en boca de los caballeros de 30 a 60 años que emplean los servicios de varios sitios dedicados a las citas virtuales es que ninguna mujer responde a sus mensajes (o muy pocas).

Veamos el testimonio de Jim, de 48 años de edad, quien vive en Gainesville, FL y ha colocado el siguiente comentario dentro de su propio perfil:

> Me pregunto si alguien está experimentando el uso de este sitio como yo. Mi aviso ha sido visto más de 200 veces. He recibido media docena de *winks* (y a propósito yo no respondo a quien no me escribe aunque sea unas líneas) y dos notas de personas que no coincidían con mi criterio de selección. Yo he enviado mensajes a varios avisos pero no me han correspondido con la cortesía de alguna respuesta, a no ser por una dama que utilizó la modalidad de "auto respuesta" que facilita el sitio *web*. ¿No les parece, señoritas, que sería una manifestación de buenos modales responder a las personas que hacen algún comentario sobre sus perfiles? ¿Qué está pasando con las mujeres aquí?

James Garner, de Cooper City, sostiene con mucho convencimiento que la primera desventaja del sistema es el anonimato. Según él, mucha gente usa los "alias" y no duda en cambiar su nombre frecuentemente porque esto les permite ser rudos sin tener ninguna culpa asociada al comportamiento descortés que practican en los foros de chat, por ejemplo:

> La naturaleza del ambiente virtual posibilita tratar a otros seres humanos sin la menor consideración, lo que sería equivalente a darles la espalda cuando la comunicación es en persona o colgar el auricular si el diálogo fuera por teléfono. Muchos de los hombres y mujeres de tipo consumista que pululan en la red tratan los avisos personales del romance en línea como si se fuese un mercado de personas del sexo opuesto disponibles para usar usadas como mercancía. De manera tal que, si no les gustan, las desechan con un clic del ratón más rápido que volando.

Como éste no es un jueguito para matar el tiempo, sino una oportunidad para establecer una relación de pareja, aquí van algunos tips que, usted amigo lector, debería considerar:

- Parta de reconocer una verdad por el momento ineludible: Las mujeres llevan las de ganar en el romance en línea. ¿La razón? Hay muchos más hombres que damas usando este servicio y, como las mujeres son una minoría, entonces se dan el lujo de no responder *winks*, *flirts* o *icebrakers*. Inclusive no les da tiempo para responder *e-mails* porque reciben varios diarios o semanales (dependiendo de lo atractivas que parezcan). No se desaliente si no obtiene respuesta a sus mensajes. Persevere, insista de buena manera y sea realista en sus expectativas. ¡Ah! y si usted tiene la dicha de recibir un *wink* enviado por una mujer posiblemente interesada en conocerlo, no dude y escríbale un largo mensaje porque, de ser ella "su tipo", usted se puede dar por afortunado. Recuerde: Por cada diez *winks*, *icebreakers* o *flirts* que envíe, es probable que, con suerte, reciba uno de vuelta.

- Una vez que logre que una mujer responda a cualquiera de los métodos que tiene para comunicarse con ella, pregúntele cuál sería la forma ideal de comunicación para ambos de ahora en adelante. Ella se sentirá mucho más cómoda si puede pedirle, de acuerdo al grado de interés que usted le despierte, pasar a intercambiar mensajes (con o sin fotos), chatear en el *Messenger*, llamarse por teléfono u optar por varios de estos medios de comunicación simultáneamente. Si usted le permite decidir sobre este punto le está dando claras señas de que es un caballero que no desea ir contra su voluntad.

- Sea honesto al escribir su perfil. Dedíquele tiempo al contenido de su aviso porque la mayoría de mujeres lo leen consciente y detalladamente si un hombre llama su atención. Diga cosas que lleguen al corazón de una mujer. Revele sus más profundos sentimientos. Si lo logra, habrá ganado puntos sobre la competencia. Evite caer en lugares comunes o frases manidas. Cualquiera puede decir: "Soy un hombre normal, común y corriente". Al plantear algo así, usted se descalifica automáticamente. Las mujeres que están buscando pareja quieren algo más que un hombre del montón, délo por seguro. Tampoco sea tan modesto en la descripción de la mujer de sus sueños como para escribir, por ejemplo: "Me conformo con poco" o "No exijo tanto como otros", porque puede parecer que usted está desesperado o es el típico perdedor que se da por vencido antes de haber iniciado la batalla. Tenga cuidado con frases como ésta: "No me hagas perder tiempo y yo no te lo haré perder tampoco", porque suena a amenaza, y lo que se supone que usted tiene que proyectar es una imagen muy grata, atractiva y seductora.

- Tenga mucho cuidado con las fotos que publica en su aviso. Mientras que las mujeres se esmeran partiendo del criterio de que mientras más fotos mejor, son contados los varones que colocan más de dos fotos. Muchos se conforman con una sola porque creen que eso no tiene tanta importancia y se equivocan. Las mujeres pueden descartarlo como posible candidato solamente porque esa única foto no les gustó. Tal vez da la casualidad de que esa foto no lo favorece y usted luce mucho mejor en persona. Por eso, mientras más fotos publique mayores posibilidades tendrá de que en una de ellas luzca mejor (de acuerdo al criterio de quien la mira). Prefiera aquellas en que está solo, en su casa, en su oficina, y siempre sonriente, de ser posible. No son buenas las fotos de paisajes en las que no se lo ve con nitidez, ni aquellas de un primer plano donde sus arrugas, su calva o su papada se pueden ver con total claridad. No sirven tampoco las fotos en que usted está de perfil y se ve su estómago abultado. En general, las fotos de perfil, cuando son posadas, hacen recordar a aquellas de los que son "fichados" por la policía. No coloque fotos muy antiguas, sobre todo si usted ha subido de peso o ha perdido cabellera, ni mucho menos se le ocurra jugar a "Cyrano de Bergerac" colocando fotos de un amigo atractivo para que las mujeres le respondan. Porque cuando descubran su mentira, no querrán saber nada de usted. No publique solamente fotos de su rostro porque, de hacerlo, ella puede suponer que está intentando ocultar su cuerpo. Si no está seguro sobre qué fotos lo favorecen, consulte con algunas mujeres de la familia o amistades, antes de publicarlas en su página.

- Cuando llegue la primera cita con una de esas contadas mujeres que se dignaron a responder a sus tentativas de cortejo, lúzcase.
- Vaya vestido de manera apropiada de acuerdo al ambiente. Elija colores que le favorezcan. (Los hombres

deben vestir de acuerdo a su personalidad para una cita, pero de preferencia con colores azules, ya que éstos transmiten a las mujeres seguridad y seriedad).

- Preste atención a su calzado: que sus zapatos brillen y luzcan como nuevos.
- Arréglese el cabello: tíñaselo de ser necesario.
- Revise su dentadura y sus uñas. Su mal aliento o sus descuidadas manos podrían ser factor suficiente para que la mujer de sus sueños lo saque de su lista y en la primera cita.
- Póngase su mejor colonia o perfume. No exagere en cantidad. Opte por la calidad.
- Ármese de encanto, seguridad personal y disposición para charlar durante varias horas, de ser necesario.
- No mastique chicle. Cuide exageradamente sus modales si están comiendo juntos.
- No coma demasiado pues ella podría creer que usted es un glotón. Beba moderadamente. No querrá que ella piense que tiene debilidad por el alcohol.
- No fume delante de ella.
- Evite los eructos y los gases. No hay nada más desagradable que eso para una dama. En caso de que se le escape un eructo mientras come, cúbrase la boca, pida disculpas y siga conversando como si nada hubiera pasado.
- Desconecte su celular para que ella vea que le va a dedicar su total atención.
- Tenga gestos caballerosos a lo largo del encuentro. Si la mujer realmente le interesa, llévele un ramo de rosas. Recuerde que sólo hay una oportunidad para lograr una primera buena impresión.
- En cuanto a los temas de conversación en la primera cita, muéstrese honesto y coméntele lo que usted está buscando para que ella conozca sus expectativas. Si usted sólo

quiere amistad y nada más, o una compañera para pasarla bien los fines de semana, dígaselo con franqueza para que ella no se imagine lo que no es y no podrá ser.

- No juegue con los sentimientos de las mujeres con las que sale. Si usted está saliendo con varias al mismo tiempo, no las enamore a todas y cada una como si cada quien fuera "la única". Todo en esta vida se paga. Puede que al final se quede sin ninguna y tenga que arrepentirse de habérselas dado de "Don Juan".

- Si la mujer que le interesa se lo pide, chatee con ella en el *Messenger* aunque esto le parezca una pérdida de tiempo. Entienda las razones por las cuales una buena mujer no puede salir, a la primera, con un desconocido. El chateo le permite a ella hacerse una mejor idea de quién es el hombre con el que luego tendrá una cita. Adopte la misma actitud con respecto a la primera conversación telefónica. Que sea ella la que decida cuándo está lista para que pasen a escuchar sus voces. No la presione cuando la acaba de conocer porque muchas prefieren esperar un poco antes de dar sus números de teléfono o de llamar a un hombre.

- Responda a las preguntas que ella le haga con honestidad y naturalidad. Las mujeres tienen un sexto sentido que les permite detectar cuando el hombre está mintiendo. No se sienta apabullado por las preguntas. Ellas recurren a éstas para motivarlo a hablar más de usted mismo y así poder conocerlo mejor.

- Prepárese a escuchar sin interrumpir y mostrando real interés cuando a ella le toque contarle de sus fracasos amorosos anteriores. No sea brusco si tiene que cortarla por algún motivo. Use la diplomacia y el tacto.

- Si ella le pide que le narre las causas de su divorcio o de su último romance fracasado, no rehúya la oportunidad. A las mujeres les encanta que los hombres "se abran" y puede servirle para ganarse su confianza.

- Emplee apelativos cariñosos cuando se dirija a ella, pero no en la primera cita, cuando deberá llamarla por su nombre. Tenga en cuenta el tipo de mujer que tiene en frente. Si ella se define como amorosa, aceptará con mayor facilidad que usted le diga: "muñeca", "cariño" o "preciosa" desde la segunda oportunidad en que se vean. Deje apelativos un tanto más confianzudos como "baby" o "mi amor" para más adelante.

- Para salir de dudas con respecto al verdadero interés que podría tener en usted una dama en particular, pregúntele sobre la importancia que ella le da al dinero en su vida, sobre el rol que a la mujer le corresponde en el manejo de las finanzas hogareñas, sobre su disposición al ahorro, etcétera. Si ella estuviera más interesada en sus ingresos que en usted mismo, podrá descubrirlo al abordar estos temas.

- No presione en el foro de chat si la mujer a la que se dirige no quiere hablarle. Reconozca que la supremacía femenina en la red (paradójicamente porque son pocas todavía) les permite rechazar el diálogo con cualquiera que las aborde. Sea educado, cortés, láncele un elogio y pregúntele en qué momento, que ella no estuviera ocupada, podrían conversar. No olvide que la mayor parte de mujeres sólo se anima a chatear con aquellos hombres que le enviaron un *flirt* previamente, porque les da la posibilidad de decidir si usted les interesa a partir de la revisión de sus fotos y su perfil.

- Tenga en cuenta las cualidades que las mujeres valoran más en un hombre para incluirlas en su perfil pero recuerde que la honestidad debe primar, así que coloque solamente aquellas que mejor lo definan: Las damas los prefieren románticos, apasionados, comprensivos, estables (financiera y psicológicamente), atractivos, cariñosos, sinceros, tiernos, fieles y con sentido del humor.

146

Estas virtudes aparecen en la mayor parte de los avisos cuando las mujeres tipifican a su "pareja ideal".

- Si usted es un hombre honesto y leal, pregónelo abiertamente en sus conversaciones con las mujeres. Reconozca que la mayoría de damas creen que todos los hombres son unos mentirosos y unos infieles, y si usted es la excepción a la regla, sobresaldrá claramente por encima del resto.
- Conforme avance la relación en línea y en persona, converse sobre todos aquellos temas que considere cruciales como para decidir si la mujer con la que está saliendo será realmente la mujer de su vida.
- En la primera cita muéstrese al principio algo indiferente, ya que "ser ignorada" puede aumentar en ella el interés por usted. Tenga paciencia, no parezca desesperado. Tenga siempre una sonrisa en la cara, demuestre que se está divirtiendo sin exagerar. Describa su profesión o pasatiempo como algo interesante, que lo apasiona y transmita esa sensación. Al menos que hable con una intelectual, no entre en temas demasiado profundos.
- No cuente toda su vida en la primera cita, deje algo interesante para después. Mantenga algo de misterio. Sea discreto. No se muestre demasiado disponible, a las mujeres también les gusta "cazar" y todos valoramos más lo que nos cuesta conseguir. Hágale saber que nunca conoció alguien tan especial. Entienda las señales que le indican que debería retirarse y hágalo. No sea pesado. Si ella mira constantemente hacia otro lado, o consulta su reloj, ha llegado la hora de partir. No entre demasiado en su espacio personal (unos 30 cm.) si no está invitado (susurrar al oído, por ejemplo).
- Para las citas siguientes y conforme avance la relación: Muestre algo de celos sin parecer obsesivo. Hágale propuestas que no se puedan rechazar y acostúmbrela a decir "sí". Sea realista, no pierda su tiempo con personas

147

que nunca podrá conseguir. A la mayoría de las mujeres les gusta ser cortejadas. No sea demasiado timorato. No pida permiso para besarla (cuando vea que ya es prudente hacerlo), simplemente hágalo. Recuerde que un regalito, una tarjeta romántica o un ramo de rosas, mantiene el romance vivo.

- Utilice la picardía, el buen humor y el galanteo para medir su posibilidad de avanzar en el terreno sexual. Si la mujer que le interesa no desea tener relaciones sexuales con usted, respete su manera de ser y sentir, ármese de paciencia y espérela.

LAS MODALIDADES DE ACCIÓN
DE LOS ESTAFADORES EN LA RED

Basta con estar conectada a un *Messenger* de Internet un día cualquiera para ser asediada por estafadores que preguntan a boca de jarro:

"Hola, busco una mujer para casarme ¿quieres chatear?"

Todos dicen estar detrás de una relación seria pero lo que quieren en realidad es conseguir una víctima que les envíe dinero a través de *Western Union* (el medio que eligen es siempre el menos comprometedor) o por lo menos algún regalito.

La mayor parte de ellos se basa en un "libreto" previamente estudiado, como una especie de "manual del buen estafador" que les sirve de guía cada vez que reciben una pregunta de parte de la víctima de turno.

Supongo que el tal manual y el método que tan diligentemente copian deben tener un costo, y quién sabe si muy pronto a alguien se le ocurra poner una franquicia del mismo en otros países, y no sólo africanos sino también de Sudamérica y el Caribe, ¿por qué no? Si hombres y mujeres ingenuos que se creen el cuento del *"love at first site"** existen en todas partes del mundo, simplemente hay que conven-

---

* Variante de la frase en lengua inglesa: *Love at first sight*, que significa amor a primera vista.

cerlos de que el interés es genuino y desmesurado como para que se ilusionen con la posibilidad de dejar de estar solos y de ser amados por alguien en gran manera y brillante estilo.

El manual que intuyo se distribuye previo pago debe contener las siguientes pautas de acción, las que deduzco de mi experiencia con decenas de estafadores con los que chateo semanalmente:

1) Elija una ciudad pequeña de Estados Unidos como su supuesta residencia permanente. Sostenga que usted es norteamericano.
2) Diga que reside en este momento en Inglaterra por razones de trabajo.
3) Declare que tiene hijos pero mayores e independientes para que no sean un "estorbo" entre usted y la persona que va a cortejar.
4) Elija el estado civil de "viudo" para inspirar compasión.
5) Explique que viaja con frecuencia por razones de negocios.
6) Seleccione una profesión de bien para que su víctima crea que usted tiene dinero y ni se imagine que se aproxima a ella con una mala intención, o sea, la de robarle su dinero.
7) Coloque fotos de uno de los modelos que vienen en el anexo del manual o que usted puede escanear o bajar de cualquier sitio de Internet.
8) Invente que se encuentra de paso haciendo una obra de bien social, así conmoverá a su víctima para que suelte la plata más rápido.
9) Recurra a la selección de poemas y frases célebres del anexo de este manual para seducir a su víctima con románticos *e-mails* y chateos dulcemente convincentes.
10) Entrénese en el uso de los *emoticons* en el *messenger* y emplee ambientes como "Love hearts" donde pueda mandar sonoros besos a su víctima.

11) Hable de amor puro, sublime y desinteresado. Nunca de sexo, a no ser que la otra persona se lo insinúe, en cuyo caso asegúrele que la desea ardientemente.

12) Cuando le pidan más fotografías que las que tiene publicadas en el perfil, diga que como se encuentra lejos de casa no tiene acceso a ellas.

13) Cuando le pidan para chatear con una cámara *web* diga que se le descompuso y que está tratando de arreglarla.

14) Si su interlocutor insiste, finja que está conectando la cámara pero no levante la tapa de la misma. La otra persona verá la pantalla negra, le preguntará qué pasa y usted responderá que parece que no hay conexión porque la *webcam* sigue estropeada. Si su futura víctima le pide que se compre una, responda que ahora no tiene tiempo para ir a la tienda pero en cuanto se desocupe lo hará para complacerla.

15) Cuando su víctima haya sido ablandada lo suficiente y se muestre lista para caer en sus redes, pídale una colaboración financiera a ser enviada a través de *Western Union* o algún servicio similar.

16) Una vez obtenido su objetivo, desaparezca del firmamento cibernético por un buen tiempo, retire su perfil del sitio donde la conoció y cuando regrese hágalo con otro nombre, otro perfil y otra foto.

Uno de los deslices o errores que cometen los estafadores a la hora de llevar a la práctica las pautas del manual es colocar en el perfil, en el rubro dedicado a la raza, la siguiente respuesta: "native american", o sea "indio norteamericano". Ellos creen que al elegir esa opción están ratificando su ciudadanía estadounidense porque no entienden que lo que corresponde es marcar *"caucasian" or "white"* (blanco o caucásico). Tan elemental y torpe es su razonamiento.

Veamos ahora un ejemplo práctico de cómo suelen pedir el dinero, en mi siguiente chateo con un estafador que dice llamarse Fred Williams.

fred4wiliams: *hello* Caro

Carola Aristegui: *Hi* Fred

Carola Aristegui: Gracias por tus poemas y frases románticas. ¡Me encantaron!...

fred4wiliams: por nada… tú eres la única mujer en este mundo que las merece

fred4wiliams: solo tú

Carola Aristegui: ¡oh! Gracias! Eso suena muy lindo…

Carola Aristegui: ¿Cómo marchan tus cosas por allá?

fred4wiliams: no muy bien que digamos...

Carola Aristegui: ¿por qué? ¿qué pasó?

fred4wiliams: El dinero que utilicé en el tratamiento de mi esposa antes de que falleciera… que fueron 10.000 dólares… pues resulta que la empresa en la que trabajo me dice que me hicieron el préstamo con base en mi salario entregado de manera adelantada. Era el equivalente de mi sueldo de 7 meses y ahora resulta que no me van a pagar nada durante todo el tiempo que resta porque que yo cobré el préstamo… voy a tener que trabajar gratis… hasta que pague lo que me prestaron… ¿te imaginas la difícil situación en que me encuentro?

Carola Aristegui: Qué lamentable… cuánto lo siento…

fred4wiliams: Necesito ayuda económica urgentemente, bebé…

Carola Aristegui: ¿No tienes parientes que pudieran prestarte algo de dinero?

fred4wiliams: No, porque toda mi familia está en un estado financiero parecido al mío…

Carola Aristegui: ¿Podría hacer algo por ti, Fred?

fred4wiliams: No me gusta pedir préstamos, pero creo que voy a tener que hacerlo contigo, Carito…

Carola Aristegui: ¿Y no sería mejor que se lo pidieras a un banco?

fred4wiliams: Ellos no confían en que les vaya a devolver la plata porque ni sueldo tengo ahora...

Carola Aristegui: ¿Cómo podría prestarte la suma que necesitas? ¿Cuánto es lo que necesitas, Fred?

fred4wiliams: Creo que unos $5000 estarían bien para comenzar pero cualquier cantidad, lo que tengas, será mejor que nada...

Carola Aristegui: ¿Cómo te hago llegar esa cantidad?

fred4wiliams: Vas a tener que enviarla a la cuenta bancaria de un amigo de confianza, porque yo no tengo ninguna aquí... O puedes hacer un giro a través de *Western Union*... Pronto te daré todos los datos... OK?

Carola Aristegui: Claro... por supuesto... con gusto te ayudaré a salir del aprieto...

fred4wiliams: Gracias por tu ayuda, mi amor... !Eres un ángel!

Lógicamente, cuando recibí los datos de "Fred", no me quedaba la menor duda del modus operandis de estos estafadores. El no contaba con mi astucia y se quedó esperando, por lo menos de esa manera lo hice perder algo de tiempo antes de que pudiera salir a la búsqueda de su próxima víctima.

A veces, cuando no puedo ver a Mark y mantengo abierto el *Yahoo Messenger* con la ilusión de que él ingrese a chatear conmigo, aparecen mis amigos en línea y comparto con ellos un rato, sobre todo con los que hablan inglés porque es mi única manera de practicar el idioma. Anoche me tocó hacerlo con Shaun, mi pretendiente de 25 años (aunque viene a Miami a cumplir los 26 en unos días), quien insiste en que quiere pasar conmigo los tres días que estará visitando esta ciudad. Yo ya le he dicho varias veces que no puedo comprometerme a ser su guía de turistas por dos buenas razones: tengo enamorado y las noches que quiera verme, Mark tiene toda mi prioridad y que estoy ocupada trabajando en el libro, la revista y yendo diariamente al gimnasio. No se lo he dicho para no ofenderlo, pero acepté verlo una noche, para tomar café, sólo por tener más material para el libro, sinceramente.

Desde esta misma perspectiva, la periodística, me interesa conocer a Christian, mi otro amigo *online* de casi 25 años, para quien no hay problema con saber que yo sólo puedo ofrecerle mi amistad. Es más, le revelé otras verdades y ni se inmutó.

Carola: Te voy a decir una verdad que tal vez no te agrade, Christian... pero me has caído muy bien y no quiero ocultarte nada

Christian: dale, dime

Carola: Pues bien... yo ingresé al romance en línea porque estoy haciendo una investigación para un libro sobre el tema... Es mi cuarto libro... lo estoy escribiendo ahora... y me agradaría conocerte porque eres uno de los jóvenes más educados que he encontrado en la *web*

Christian: ok

Carola: ¿No te has molestado?

Christian: para nada

Christian: estoy sonriendo

Christian: ¿por qué me voy a molestar?

Carola: Bueno, porque como verás... no puedo ofrecerte nada más que mi amistad...

Christian: y bueno, tengo que aceptar eso ¿no?

Christian: ¿qué puedo hacer?

Carola: Gracias por ser tan comprensivo... ¿vas a querer conocerme en persona?

Christian: ¡claro! pensé que eras tú la que no quería...

Carola: Si aceptas el plan amistoso, ¡claro que sí!

Christian: y qué pasa si algún día esa amistad pasa a otro nivel hmm quién sabe

Christian: ahhahahahah

Christian: claro que acepto la amistad

Carola: Bueno, lo que pasa es que YA hay un hombre que me interesa...te estoy contando todo

...pero él no tiene mucho tiempo para verme, lamentablemente... y no sé qué tal marche nuestra relación...

Christian: a pesar de todo eso, me interesa conocerte...estoy de acuerdo... ¿cuándo nos vemos?

Le dije que no podía responderle todavía (porque recién hoy por la noche me enteraré de los planes de Mark), pero me parece interesante la posibilidad de entrevistar a este jovencito. Tiene las ideas claras en cuanto a los amoríos entre mujeres mayores y hombres que, por su edad, podrían ser sus hijos. Yo me ratifico en mi postura: ni loca me enamoraría de un muchacho como Christian o Shaun, ni mucho menos tendría sexo con ellos sólo por experimentar.

Sin embargo, como ya lo comenté en otra ocasión, hay muchas mujeres sueltas de huesos que se vanaglorian de sus aventuras con jóvenes. Justamente ayer cuando estaba en el gimnasio, escuché sin querer, porque hablaban con voz muy alta, la conversación de tres señoras de mi edad aproximadamente, que hablaban de sus citas. Una de ellas se ufanaba de tener citas con cinco hombres diferentes en una sola semana (¡y yo que creía que era la única!) y empleaba este argumento para justificarse: "Estoy usando los servicios de varios sitios *web* de *online dating* y tengo que sacarle jugo al sistema porque para eso estoy pagando..."

Una de ellas, que parecía más centrada, le preguntó:

—¿Y no crees que cualquiera de ellos se sentiría muy ofendido si supiera que es uno más para tu colección?

—Y ¿cómo se va a enterar, ah? ¡Yo no se lo pienso contar a ninguno!

—¿Pero no era que te estabas enamorando de uno de ellos, ese tal Steve con el que hablaste por teléfono hace unos minutos?—intervino la otra señora del trío.

—Tal vez, pero mientras no tenga el anillo en el dedo, hay que divertirse lo máximo que se pueda, ¿no?

Mientras las escuchaba reír pensé que, en mi caso, no se trata de diversión sino de gajes del oficio y mi deber me obliga a continuar descubriendo personajes para el libro y consiguiendo testimonios para la revista. El día en que Mark me ponga el anillo en el dedo, ¡prometo firmemente poner fin a todo esto, y no volver a caer en la tentación de chatear en línea con nadie más!

Hay estafadores por montones en las citas en línea, pero esto no inhabilita el sistema. Es cuestión de saber protegerse y reconocer los signos de la estafa.

Por ejemplo, recientemente en *Atlantic City* un jugador de casino admitió haber estafado a más de 80 mujeres a través del teléfono, iniciando el contacto con ellas mediante los servicios de citas en línea.

Patrick M. G., de 41 años, creó numerosas cuentas en diferentes sitios *web* dedicados al romance en línea en diferentes partes del país, lo que le permitió tener correspondencia con muchas mujeres en distintas áreas.

En su aparición ante el juez, Patrick admitió que había mentido a las mujeres diciéndoles que quería una relación amorosa con ellas cuando lo que quería era su dinero. Una vez que ellas se creían el cuento, les pedía ayuda monetaria para mudarse al lugar en que ellas vivían y formalizar la relación, pues él se encontraba en quiebra. Les decía que necesitaba plata para los gastos de viaje y que les devolvería lo prestado en cuanto consiguiera trabajo en la zona de cada una. Pero, como es lógico suponer, luego de obtener el dinero solicitado, no viajaba a ningún lugar y desaparecía para siempre del ciberespacio.

¿Cómo hay mujeres que se creen semejantes cuentos a estas alturas del siglo XXI? Las hay y son más de lo que uno podría imaginar.

Hay otra cosa que me queda muy clara del juego del amor en línea y es un tip de gran utilidad:

SI BUSCAS PAREJA TIENES QUE HACER DEL
DATING UNA PRIORIDAD EN TU VIDA.

De lo contrario, podrías quedarte sin una pareja estable por mucho tiempo.

Basta de "peros", justificaciones y pretextos. Si vas a esperar a perder algunos kilos de peso, o a tener menos trabajo en la oficina, o a que tus hijos estén grandes, el coche va a quedarse aguardando por ti y lo más probable es que otro se suba en él. Es importante que identifiques cuál es la verdadera razón de tu apatía. Puede ser que todavía no estés listo para una relación sentimental porque quedaste muy dolido de la anterior. Toma conciencia del motivo y trata de superarlo a la brevedad posible. La depresión, la nostalgia y la melancolía no son buenas consejeras.

Cuando te hayas decidido a actuar en el terreno amoroso, compromete a tus amigos en tu búsqueda de pareja. Aplica las mismas estrategias que usas en el trabajo a tu vida sentimental y reconoce que ésta es la **inversion** más importante de tu vida, más que comprar un auto o una casa.

Para hacer carrera en tu trabajo y ser promovido, tú creas un plan estratégico, consultas con expertos, trabajas horas extra y no te echas para atrás a pesar de las caídas, sino que te levantas y sigues para adelante con más bríos. Haz exactamente lo mismo en el plano de los afectos. ¿Tú quieres ser promovido (encontrar pareja) o prefieres mantenerte estancado, en el mismo lugar, sin variación alguna? Si realmente deseas avanzar deberás planear un conjunto de actividades que te lleven a tu meta, consultar con tus amistades, separar ciertas horas semanales para las citas y, no darte por vencido después de algunas malas experiencias porque el mundo no se acaba allí y el juego del romance tiene más aspectos positivos que negativos y por ello mismo siempre termina divirtiéndonos.

Yo soy el vivo testimonio de cómo se debe actuar en la búsqueda de pareja.

Otra estrategia empleada por los estafadores: el cheque a ser cobrado.

Luego de unos pocos chateos en línea en los que trató de persuadirme de que estaba enamorado de mí, George se lanzó al ataque pidiéndome dinero. Sus argumentos fueron más que risibles.

George Sausi: *hi baby...* ¿vas a ayudarme finalmente?

Carola Aristegui: si me lo explicas todo bien... ¡claro que sí!

George Sausi: sólo tienes que decirme si hay un *cash point* en donde vives

Carola Aristegui: ¿qué es un *cash point*?

Carola Aristegui: ¿una oficina de *Western Union*?

George Sausi: no, *baby*

George Sausi: es un lugar donde vas con un cheque

George Sausi: esperas por algún tiempo y lo cambias por efectivo

Carola Aristegui: ¿y quién va a enviarme ese cheque?

George Sausi: mi amigo de Canadá

Carola Aristegui: ¿Canadá?

George Sausi: sí

Carola Aristegui: ¿por qué no te lo puede enviar a ti?

George Sausi: porque su banco está en Estados Unidos

George Sausi: y su cuenta es una cuenta en línea

George Sausi: y aquí no tenemos sucursal de su banco

Carola Aristegui: ¿Y qué tendría que hacer después con el dinero en efectivo?

158

George Sausi: me lo reenvías

George Sausi: le voy a decir que te envíe $2300

George Sausi: cuando cobres el cheque te puedes quedar con una parte como comisión… unos $700 y enviarme el resto…

Carola Aristegui: ¿A qué dirección envío el dinero?

George Sausi: cuando recibas el cheque… entonces te doy mi dirección

George Sausi: ¿te envío la plata por *Western Union*?

George Sausi: Sí claro… pero primero… tienes que darme tu dirección para que mi amigo te pueda enviar el cheque

George Sausi: dame tu dirección ahora mismo

Carola Aristegui: no puedo ahora

Carola Aristegui: quiero verte en la cámara *web* primero

George Sausi: dame tus datos personales de una buena vez…

Carola Aristegui: No te tengo confianza todavía… por eso quiero verte para comprobar si eres quien dices ser…

George Sausi: es para esto mismo que necesito el dinero… yo no tengo una cámara aquí… me voy a comprar una en cuanto me ayudes con el favor que te estoy pidiendo, querida…

No tuve que seguir hablando, yo sabía desde un principio que el tal George era un estafador, pero necesitaba conocer un poco más. Y ahora que lo sé estoy más lista que nunca para prevenir al respecto a otras mujeres.

19 de Enero

Anoche volví a llorar tontamente y a pasar la noche en vela por una conversación telefónica que tuvimos Mark y yo. Me repetí una y mil veces, después de colgar el auricular, que no hay hombre que merezca mis lágrimas, pero bastó que escuchara una canción de adoración al Señor en el canal cristiano, para que se me bañara el rostro en lágrimas. Reconozco que me sirvió de desfogue, sinceramente lo necesitaba. ¡Y eso que antes había llamado a mis mejores amigas para que me sirvieran de paño de lágrimas! Pero es que soy una mujer muy sensible, demasiado romántica e ingenuamente ilusa, sobre todo para mi edad. ¡Cómo se nota que he tenido una sola relación amorosa en toda mi vida!

Pues bien, cuando Mark me llamó ya era tarde. Antes solía hacerlo entre las 5:30 y las 7p.m. Ayer no nos habíamos visto y abrigaba la esperanza de que el encuentro se produjera hoy. Le grabé un alegre mensaje en el celular y dejé pasar las horas. Recién a eso de las 9 p.m. sonó el teléfono y le respondí ansiosamente. ¡Ese fue mi error!

—Hola mi amor, ¿qué te pasó? —le pregunté con cierto tonito de preocupación.

—Nada mi amor un día ocupado, como siempre. Te llamo para confirmarte que hoy tengo ensayo.

—¿Otra vez?... ¿No lo tuvieron también ayer?

—Sí, pero así se decidió por esta semana. Mañana por la noche voy a tener que estudiar para un examen que tengo el jueves temprano. Así que te propongo vernos el jueves.

—¿El jueves? Hoy es martes, la última vez que nos vimos fue el domingo. Qué pena, me da la impresión de que esta semana no nos veremos mucho tampoco.

—Bueno, es que tengo muchas responsabilidades, ya te lo dije.

—Sí, pues... no me queda más que resignarme, qué le voy a hacer.

—Mira, muñeca, yo siento que desde hace algún tiempo me insistes mucho con este asunto de cuándo nos vemos y ya me estoy comenzando a preocupar.

—¿Por qué, tesoro? Es natural que quiera verte cada día más porque te necesito y me estoy enamorando de ti. Si yo no te quisiera me daría igual si te veo una vez a la semana o a la quincena y tampoco me importaría que me llamaras o yo llamarte a ti.

—Sí, pero como tú me repites tanto que tenemos que vernos más pues yo he comenzado a preocuparme porque me temo que no voy a poder cumplir con tus expectativas y por lo tanto no vas a estar ni satisfecha ni feliz en nuestra relación.

—Escúchame, cariño, si te ha molestado que insista sobre ese punto, te pido disculpas, perdóname, entiendo que por el momento no tienes más tiempo para nosotros pero es que soy una romántica que desea vivir un amor "intenso" y no me entra en la cabeza cómo se puede "construir" una relación cuando las dos personas se ven tan poco.

—Créeme que a mí me gustaría verte y llamarte más, pero me encuentro pasando por un momento bastante recargado en todos los planos de mi vida.

—Entonces ¿por qué, justo ahora, te lanzaste a buscar pareja, Mark? Tal vez sería mejor que sólo tengas amigas hasta que estés dispuesto a entregar tu corazón, lo que implica cierta dosis de sacrificio y esfuerzo.

—Lo hice porque pensé que me iba a encontrar con una mujer que tuviera también muchas cosas que hacer por su cuenta y con la que iba a llegar a un acuerdo para vernos dentro de nuestras limitaciones.

—Bueno, resulta que en mi caso estoy escribiendo un libro sobre el amor en línea donde tú eres el protagonista y eso me lleva a pensar mucho más en ti y a extrañarte. Y siento que tú no me necesitas ni extrañas tanto como al principio me asegurabas, porque cuando el hombre está enamorado saca tiempo de donde no lo tiene para ver a su novia.

—Me parece injusto que me digas eso. Yo te tengo presente a lo largo del día, pienso en ti mucho y ¡claro que te extraño! ¿Pero qué quieres que haga? ¿Qué tire por la borda todas mis obligaciones?

—No, mi amor, yo no te pediría nunca eso, por el contrario, recuerda que desde el inicio de nuestra relación te dije que te iba a apoyar en todo, que no quería ser un obstáculo en tu carrera, pero tampoco quiero sentirme "la última rueda de la carreta" en tu vida.

—Yo tampoco quiero eso, mi bebé, yo quiero hacerte feliz.

—Yo también quiero que seas feliz, amorcito, qué tal si continuamos esta conversación el jueves y procuramos llegar a un acuerdo.

—Claro, mi bebé…

El tono con que me habló en la última parte de la conversación me dio la impresión de que se suavizaba ante la posibilidad de perderme.

Respiré profundo cuando colgué el teléfono y sentí que ésta había sido nuestra primera discusión seria y con claras posibilidades de rompimiento. ¿Será eso lo que él en realidad quiere? Porque desde el 29 de diciembre no me ha vuelto a responder ni un solo mensaje, tampoco ha agradecido ni comentado las dos tarjetas de amor que le envié (una al inicio de nuestra relación y la otra cuando estuvo en México) y en ocasiones lo he sentido distante, como rehuyendo mis besos. Creo que tiene miedo. Debe creer que soy una mujer absorbente, que lo quiere y exige todo de él, y que voy a estar permanentemente recriminándole su falta de interés en nuestra relación. Bueno pues, yo no soy así. Mi deseo de estar más a su lado es el sentimiento natural de cualquier mujer enamorada. Si él no siente lo mismo es porque no está tan enamorado de mí como declaró estarlo una y otra vez. Porque, por más ocupado que esté, podría darse algunos minutos al día para responder mis mensajes con unas cortas líneas, y podría inventar huecos en su agenda para verme porque los enamorados quieren, necesitan verse y además deben hacerlo para conocerse cada día mejor. Sólo así la relación va adquiriendo cimientos sólidos.

En fin, la cosa es que para quitarme el gran peso que sentía, llamé por teléfono a dos de mis mejores amigas para escuchar sus versiones de los hechos.

María Antonia reaccionó, muy a su estilo, atacando a los hombres en general.

—Ay, Carolita, amiga mía, es que todos los machos son unos jodidos no sólo ponen sus carreras, trabajo y ocupaciones por encima de su mujer, sino que colocan ¡hasta a la mamá por encima!

—¿Tú crees entonces que Mark no está enamorado de mí?

—No he dicho eso. Puede estarlo pero no lo suficiente como para que seas su prioridad número uno por ahora.

—¿Y ahora qué hago, María Antonia?, le pregunté con una desesperación que yo misma reconocí luego como exagerada.

—Mira, Carola, yo que tú sigo saliendo con él y con otros hombres, a ver si en el camino te va dedicando más tiempo y demostrando más interés.

—¿Y se lo digo? ¿Te parece que se lo proponga abiertamente? Porque yo había pensado proponerle ser amigos y continuar viéndonos cuando él tenga tiempo. Así no perdemos el contacto pero tampoco nos centramos el uno en el otro exclusivamente.

—¡Claro! ¡Esa es la idea! No se lo digas a nadie pero te cuento que en una época de mi juventud llegué a tener hasta cinco enamorados al mismo tiempo.

—¿Qué? ¡Qué bárbara! —le comenté entre risas.

—Sí, ninguno lo sabía y yo me divertía de lo lindo.

—Bueno, amiga, la verdad es que yo no podría hacer algo así, pero sí puedo tener muchos amigos hasta que alguno esté realmente enamorado de mí y yo de él. ¡Lo bueno es que no llegué a acostarme con Mark!

—No me explico como pudiste aguantar tanto, pero igual te felicito porque de repente el hombre te decía que te amaba tanto y tanto ¡sólo para llevarte a la cama!

—Sí, es probable, y ¡ahora tendrá que quedarse con las ganas!

—¡Y tú también! —concluyó mi colega riéndose con una estruendosa carcajada.

Elena me aconsejó más o menos lo mismo. Darle tiempo al tiempo para dejar que nuestra relación madure y ver si hay alguna posibilidad de que yo pase a ser tan importante para Mark como para que de él provenga, y no de mí, la necesidad de verme y estar a mi lado con más frecuencia.

Después de las conversaciones "de mujer a mujer" que nos sirven para realizar la catarsis y continuar con nuestras vidas deshaciéndonos de cargas perjudiciales, me prometí a mí misma ser lo que le recomiendo a tantas lectoras que me consultan sus problemas en mi página *web*: la dama digna, que no se rebaja ante ningún hombre, que sabe lo que vale y se siente merecedora de un gran amor. Y que no está para mendigar amor de nadie.

Psicología del usuario del romance en línea

En su ensayo: *El romance a través de Internet*, el psicoterapeuta Ricardo Carmen Manrique elabora un conjunto de ideas sobre la psicología del usuario de este nuevo medio para encontrar pareja. El planteamiento es objetivo, bastante completo e interesante y nos permite dilucidar sobre quiénes son los que se enamoran en la red y hasta qué punto se enamoran en realidad.

"Lo más frecuente es que los primeros encuentros se produzcan en una sala de chat, en un foro de opiniones o en una lista de interés en donde el internauta advierte "algo diferente" en la manera de conducirse de alguien, puede ser el *nickname* (seudónimo o nombre virtual), su manera de expresarse o algún otro rasgo que le atrae. Si bien "esa" característica es virtual, creada para ese medio, aun así, forma parte de la personalidad, es un reflejo de la persona y en cierta forma habla de él o ella. En realidad, nuestras relaciones en "el mundo real" están mediatizadas por símbolos y códigos, para los cuales hemos desarrollado las habilidades de interpretarlos; en Internet ocurre casi lo mismo, se trata de un sistema de códigos propios que reflejan nuestra particular manera de ser, al interactuar con otros cibernautas los códigos tienden a homogenizarse, surgen ciertos protocolos de "las buenas maneras en línea", reglas de seguridad, etcétera. Definiéndose así, cierta identidad virtual, dando a un "aspecto cibernético de la personalidad", lográndose una relación que eventualmente llega a desarrollar toda la potencialidad propia de una relación humana."

El empleo de los *emoticons* (o caritas de expresiones) en el chateo en cualquier programa, por ejemplo, demuestra el mayor o menor dominio que el internauta tiene del código y revelan buena parte de su personalidad, ya que el acertado uso de éstos le permite vehiculizar mejor sus propios sentimientos acompañando a la palabra escrita.

Por lo general, la relación se desarrolla tras el encuentro en el ciberespacio, con el intercambio de *e-mails* y una correspondencia que gradualmente se vuelve más cálida y con expresiones de afecto. Luego, el coqueteo se instala, vienen las insinuaciones y los avances. El entusiasmo acompaña a la expectativa que antecede al abrir la casilla de *e-mail* y hallar la ansiada frasecita *"you got mail"* (tienes correo nuevo). Una vez que se ha llegado a este punto se está lo suficientemente involucrado como para decir que se está viviendo un romance "en línea". Es inútil negarlo. Si bien muchos inician este tipo de relaciones muy "deportivamente" y toman el asunto como un juego, lo real es que las emociones que acompañan al flirteo son muy reales y muchas veces el cazador resulta cazado.

Como bien precisa el Dr. Manrique, el romance basado en el *e-mail* electrónico y en el chateo es un nuevo tipo de relación en la que sujetos reales presentan parte de su realidad o sus fantasías a otras personas, también reales. Si bien hay quienes toman estos encuentros fortuitos en Internet como un juego del gato y el ratón, para el cual desarrollan técnicas y estrategias como cualquier conquistador, aun así, expresan su personalidad, su propia y particular manera de ser; auténtica en algunos casos, mediatizada o impostada en muchos otros.

Este presentarse está condicionado por las características vigentes del Internet y por la habilidad en el manejo de los recursos disponibles etcétera para construirse una "identidad virtual" (nombre, imágenes, sonidos, etc.).

En el ciberespacio los limites de distancia, edad o aspecto físico tienen otro valor, en muchos casos se han diluido pues carecen de sentido práctico ya que, por lo general, los primeros encuentros son "a ciegas", otorgándose mayor importancia a la habilidad para desenvolverse y a ciertos aspectos propios de la interioridad de la persona. Este tipo de relaciones nos llevan a replantear nuestra capacidad de percibir necesidades y respuestas emocionales en las relaciones vía Internet; a redefinir el manejo de los límites y pone a prueba nuestra calidad humana.

Este tipo de relaciones en línea es más frecuente en adolescentes y jóvenes que se inician en el aprendizaje del amor y sus caminos, encontrando en las salas de chat el medio propicio y seguro para ensayar sus lances, coqueteos y técnicas de seducción así como para dar rienda suelta a su fantasía y curiosidad. También acuden a la red en busca de romance aquellos jóvenes y adultos que encuentran en su rutina o forma de vida limitaciones para establecer nuevas relaciones, mismas que no tienen validez o importancia en este medio. Cada vez son más las personas que mantienen una relación principalmente vía Internet y desarrollan una vida en línea, además de los diferentes tipos de relaciones que tienen fuera de la red.

En el romance en la red, el medio puede parecer muy artificial y fácil de controlar pero las emociones y sentimientos pueden resultar bastante reales y difíciles de manejar. Uno puede enamorarse, incluso apasionarse, ser muy feliz o sufrir mucho de acuerdo a los vaivenes de una relación en línea, tal como ocurriría en una relación convencional.

Cuando estos ciber romances se encuentran fuera de la red con frecuencia surgen las decepciones; no todos asumen la realidad con el mismo vigor y entusiasmo que en el caso de una ilusión o fantasía. De la misma manera que el amor romántico (aquel que no llega a consumarse) difícilmente sobrevive al encuentro personal, pues casi siempre le sigue la separación o por el contrario, se llega a mayor intimidad, perdiéndose igualmente la naturaleza romántica.

Sin embargo, no todo es desencuentro en el mundo virtual, cada vez es más frecuente enterarse que algún amigo o conocido encontró su pareja a través de la red y que les va muy bien. Y no sólo se halla romance en la red, también muy buenas amistades. Aquí parece cumplirse una vez más la regla de la informática que dice que uno obtiene de la computadora aquello que introduce en ella, algo así como dar calidad para recibir calidad.

Decir que este tipo de relaciones sean de verdadero amor o no, puede ser motivo de largas discusiones. Las clases y calidades de amor han sido tema de interesantes trabajos (*Amor, sexo y matrimonio,* de Carlos A. Seguín, por ejemplo). Pero al margen de las definiciones y los expertos, quien está envuelto en una relación de éstas no tiene cuestionamientos sobre el tema. Para muchos es amor sin lugar a dudas y su opinión es tan válida y digna de respeto como cualquier otra.

Si usted, o alguien de su entorno, está envuelto en una de estas relaciones, conviene tener presente algunas recomendaciones:

Es importante tener claro hasta qué punto está dispuesto a llegar o el tipo de relación que desea tener. Si lo que busca es una relación viable de concretarse en un compromiso a mediano plazo, entonces asegúrese que las personas con las que se va a relacionar estén dispuestas al compromiso o tengan los atributos que usted considera indispensables.

Si por otro lado, lo que desea es entablar una amistad con alguien de un medio diferente al suyo y que se desarrolle fundamentalmente a través de la red, entonces no tiene mucho sentido preocuparse por el color de su cabello o estatura, sino por otras cualidades. Aclare lo que desea antes de comenzar a "romancear" o puede terminar en una situación bastante incómoda o absurda.

Tenga presente que del otro lado de la PC hay un ser humano, que tiene su historia (diferente a la suya), su manera de ver la vida, otra manera de expresarse y sentimientos. Es importante el respetar las diferencias.

Es fácil caer en el juego de la seducción y pretender ser algo diferente a lo que uno es en realidad. Esto ocurre en la red, tanto o más como ocurre fuera de ella. Trate de ser honesto y se ahorrará explicaciones imposibles y decepciones posteriores.

¿POR QUÉ NO PASO DE LA PRIMERA CITA?

Esta es la pregunta que se hacen muchas mujeres, no sólo yo, inclusive las sexy, encantadoras y de gran personalidad pueden padecer este problema en carne propia. Es más frecuente de lo que cualquiera pudiera imaginar y más ahora cuando, en medio de las facilidades que el romance en línea brinda a sus usuarios, uno puede cambiar de pareja como de vestido, o de camisa.

Una de las razones por las que los hombres desaparecen, según lo que ellos mismos me confiesan cuando nos reunimos a tomar café es que la mujer se hace la difícil o la indiferente y eso no les gusta. Tampoco les agrada que una no les devuelva las llamadas o los mensajes y que una comente sobre los otros hombres con los que está saliendo en paralelo. Yo nunca hago ninguna de estas cosas, por lo cual, evidentemente, tales razones no podrían aplicárseme aunque puede ser que ellos sientan que tengo demasiados hombres siguiéndome la pista cuando les pido que me digan cuándo quieren salir conmigo con suficiente anticipación, porque la verdad es que tengo mi agenda llena, justamente, ¡de primeras citas!

Tal vez una de las razones más poderosas sea la relacionada con el sexo: demasiadas expectativas no cumplidas. O demasiado pronto o demasiado postergado. Ellos no van al mismo ritmo que las mujeres y sacan conclusiones apresuradas con respecto a un asunto que en su opinión tiene la mayor importancia.

Muchos hombres se sienten rechazados cuando la mujer no accede a su deseo sexual de inmediato, y puede que ella esté realmente interesada en él y deseosa de tener sexo algún día, pero no en ese preciso momento. Entonces, él se queda con la duda, la duda lo mata y prefiere poner pies en polvorosa.

Otra de las excusas que muchos hombres me dan para justificar por qué no continúan con una relación, es que no se sienten "a la altura" de la mujer con la que salen. Sienten que su ego se resquebraja y que la presencia de esa mujer a su lado les puede traer más complicaciones que satisfacciones porque es "demasiado buena para ser verdad" (*too good to be true*).

Muchos varones se sienten inhibidos ante una mujer muy demandante, maternal y posesiva que quiere tenerlos sólo para ella. Les da la impresión que tienen una segunda madre y esto los asusta y desagrada (a no ser que su complejo de Edipo sea tan fuerte que la aparición de tal madre sustituta resulte más bien motivo de alegría). Pero éstos últimos son la excepción. La mayoría no quiere jugar a la mamá y su bebé.

Finalmente, la otra gran causa de las desapariciones tempranas es que la mujer está yendo demasiado rápido, manifestando demasiado interés y demostrando que quiere algo más serio. La mayor parte de los hombres se espanta, se sienten acorralados, asfixiados y temerosos de ser controlados por una mujer que exige exclusividad. Lo curioso es que muchas mujeres, conscientes de este fenómeno, adoptan la actitud de "presa difícil de casar" (no devuelven llamadas, no aceptan citas muy cercanas la una a la otra, se hacen las interesantes) y, paradójicamente, eso también parece espantar a muchos hombres. ¿Quién los entiende no?

Por eso mismo, dada la complejidad de las relaciones, mi sencilla recomendación es jugar con varias cartas a la vez, tener una baraja de cartas sobre la mesa, hasta que se encuentre al hombre que realmente merezca dedicación exclusiva y total. Mientras tal hombre no llega, el tener varios amigos al mismo tiempo nos permite mantener una ventaja considerable sobre quienes practican el método del "uno por uno": ante la falla de cualquiera de la lista, no hay ese sentimiento de pérdida, resultante de cierto apego sino que estamos listas para decir: "que pase el siguiente".

Resultó simpático y agradable conocer a Shaun, mi admirador de 26 años (los está cumpliendo hoy, precisamente) que vino desde su ciudad a pasar unas breves vacaciones y de paso conocerme.

Conversamos con mucha soltura. El hizo unas cuantas bromitas pero, a comparación de las cosas que me decía en línea ahora se mostró de lo más tímido, irreconocible. No tuvo el coraje de lanzarme ni uno solo de los cumplidos que me repetía a cada rato cuando chateábamos.

Esto me permite llegar a una conclusión, después de haber entrevistado a decenas de hombres como él: para los varones tímidos, para aquellos que tienen algún complejo de inferioridad o una inseguridad con respecto a su físico o a su atractivo personal, Internet es la tabla de salvación a la que se aferran con destreza, mostrando un desempeño totalmente diferente al que tendrían cuando se encuentran con una mujer "cara a cara".

Y eso que Shaun no es feo. Por el contrario, tiene aspecto agradable y una personalidad encantadora. Entonces, no puedo entender en su caso porqué se siente tan derrotado, inclusive antes de empezar, en cuanto a su relación con las mujeres de su edad. ¿Será por eso mismo que se fijó en una mujer que le lleva 20 años de edad?

Traté de alentarlo lo mejor que pude dándole algunos "tips", de los que he trabajado en mi investigación periodística, para triunfar en el romance en línea. Me lo agradeció y se despidió temprano, a la hora de habernos conocido, pretextando que tenía otro compromiso. Una vez más, como me dirían Eddie, Luis o Tommy, quedó demostrado que ¡intimido a los hombres! ¡Y me parece tan gracioso!

Hablando de admiradores jóvenes, Christian (el de 25 años) chatea seguido conmigo y me ha invitado varias veces. No le he respondido aún porque todo dependerá de los planes de Mark. Y en la tarde, cuando estaba en el gimnasio, me llamó José, mi nuevo amigo colombiano de 30 años, quien resultó súper alegre y buena onda. También hemos conversado varias veces en el *Messenger* y ya le concedí la primera cita: este viernes a las 9 p.m. Doy por descontado que si Mark me ve mañana jueves no lo hará el viernes porque… ¡sería demasiado para él! Así que, vamos a conocer a otro de los representantes de mi club juvenil de fans. Estas entrevistas me sirven mucho para mi investigación.

Christian y José son de la idea, igual que Shaun, que las mujeres mayores son mucho más inteligentes, interesantes, atractivas, saben lo que quieren y hacen mejor el amor que las jovencitas. ¿Será verdad? Me atrevo a decir que sí pero con esto no justifico que las cuarentonas "se aprovechen" de los hombres de 20 porque me resulta algo moralmente escabroso, casi "contra natura". Yo no los toco, ellos no me tocan, nos conocemos, charlamos y listo, ¡cada quien a su casita!

Considero que mientras las relaciones en las que el hombre es marcadamente mayor que la mujer han sido socialmente aceptadas, aquellas en las que la mujer resulta mayor, siguen siendo mal vistas, en el Internet y fuera de él. En principio porque provocan conclusiones maliciosas centradas en los posibles beneficios sexuales que obtendría la mujer a cambio de sus recursos económicos.

173

Sin embargo, un hombre joven puede hacer una buena elección centrándose en una mujer madura. Éstas ofrecen una mayor calidez, tolerancia y estabilidad que las mujeres jóvenes. Unos diez años de diferencia resultarían aceptables, considerando además que las mujeres se mantienen mejor "conservadas" que los varones debido a una mayor exigencia social al respecto.

La mujer madura tiene la experiencia necesaria para darse cuenta de que no hay que esperar al hombre perfecto. Conoce sus fallos y los acepta. No espera que su pareja se convierta en el príncipe de los cuentos de hadas. Esto aporta mayor seguridad a los hombres, que buscan en la mujer madura calor, comprensión y un amor liberado de presiones económicas y de riesgos de procreación.

¿Estaré con estas reflexiones tratando de justificar mi relación con Mark, a quien le llevo 9 años de edad?... ¡Sí!

Acabo de terminar de chatear con mi hermano confidente y me sirvió para clarificar más mis ideas. Lo que él me propone suena un tanto descabellado pero es lo que tenía planeado hacer desde un principio sólo que con una "ligera variante".

—Hermano querido: ¡*Help*... SOS... socorro... auxilio! ¡Emergencia en Miami!

—Ay amor, ¡no te pongas así porque NO TE CREO NADA!

—Bueno, se trata de Mark, *of course* ¿te conté que cuando regresé de Lima no lo encontré porque estaba de gira en México?

—No, no me lo contaste ¿El no te había dicho nada?

—Sí, me lo dijo cuando estaba en Lima pero la cosa es que estuvo fuera 12 días, en total estuvimos sin vernos 24 y cuando volvió, bien tarde el domingo, no me llamó. Yo le dejé 4 mensajes en los dos celulares, luego el lunes lo tuve que llamar porque ya no aguantaba más a eso de las 7 p.m. y me dijo que justo estaba por llamarme y que nos podríamos ver recién el miércoles porque tenía ensayos con el grupo.

—¿O sea que llegó el domingo y pospuso el reencuentro hasta el miércoles?

—Así es, ya eran 26 días sin vernos en total y yo creía que me había extrañado. Igual el miércoles estuvo muy cariñoso y me dijo que creía que sólo nos podríamos ver el domingo porque se iba a Orlando el fin de semana con la banda.

—¿El domingo que acaba de pasar?

—Sí, entonces, desde que llegó le estoy diciendo tiernamente que me gustaría que tuviera más tiempo para nosotros. El domingo vino con su hijito de 4 años a pasar la tarde en casa y fue muy bonita y romántica. Me llamó el lunes y ayer martes pero anoche cuando le pregunté cuándo nos veríamos "me paró el coche" y me dijo que sentía que no podía llenar mis expectativas en cuanto a vernos más seguido, que sentía que yo no era feliz, entonces le dije que lo conversáramos en persona. Nos veremos mañana ¿qué crees, hermano?

—Creo que se siente *acosadillo* quizás. Como que tus expectativas son más altas de lo que él quisiera en este momento. Aunque, a todo el mundo le encanta que a uno lo extrañen tanto y quieran verlo siempre.

—Mis expectativas son muy altas porque él las fomentó.

—¿Fomentó? ¿Cómo?

—Como buen artista que es me decía por *e-mail* electrónico que consideraba que yo era el gran amor de su vida ¡imagínate! Cuando me llevó al aeropuerto me dijo que me amaba al momento de despedirnos, ¿será que luego se dio cuenta de que se adelantó mucho? Parece enamorado, pero ahora ya no sé qué creer.

—No sé. Probablemente se dio cuenta de que se adelantó mucho, sí.

—¿Y ahora qué hago? ¿Le digo que seamos amigos y veo a otras personas? Claro, también nos seguiríamos viendo nosotros dos hasta que esté preparado para una relación mas comprometida.

—Ahora te portas como la preciosa dama que eres. Tú dime cómo es eso.

—Eso es lo que pensaba hacer, gracias a Dios, ¡no hemos hecho el amor todavía!

—Eso es MUY bueno porque despeja el ambiente de conjeturas.

—Yo estaba muy ilusionada con Mark, es la purita verdad…

—Aguanta, ¡no tienes por qué estar demasiado desilusionada todavía!

—Es amoroso, tierno, romántico, pero me temo que necesita una mujer "tan" o más ocupada que él.

—¡No! Necesita una mujer que no lo necesite.

—Lo que pasa es que me imagino que si le planteo lo de la amistad ya no quiera verme.

—¡No! Dile que se ven dentro de dos semanas o en el plazo que él diga, que *no problem*. Y aguántate.

—¿Qué? ¿No le digo lo de ser amigos? ¿Seguimos de enamorados? ¿Viéndonos una o dos veces por semana? ¿A su medida?

—Claro. Siguen de enamorados pero más sueltos, como quien dice. Más de cuando en cuando. Dos veces por semana es normal en Estados Unidos. Todos los días para un gringo puede resultar agobiante.

—Así parece, qué mal ¿no? ¿y cómo hacen cuando se casan? ¿se fugan para no ver a la mujer?

—Bueno, claro, pero las distancias, el esfuerzo logístico es muy distinto al de acá.

—¡Oh sí! Mark vive a 40 minutos de mi casa

—Oye, tú y tu esposo no se veían mucho tampoco, ¡no me vengas con cosas!

—Es verdad, eso fue bueno para nuestro matrimonio.

—Entonces, poco a poco. Yo creo que uno se casa con alguien cuando se pregunta "qué diablos estoy haciendo aquí solo cuando podría estar con ella". Pero a eso creo que uno llega.

—En resumen: ¿Tengo que adaptarme a su manera de plantear nuestra relación ahora?

—Claro, ¿por qué no? Y tienes un enamorado de medio tiempo que es mejor que ningún enamorado de todos modos.

—¡Me encanta tu sentido del humor! Pero es que te olvidas que tengo otros pretendientes, hermanito, gracias al romance en línea y podría seguir conociendo más si así lo quisiera, claro que no me gustaría perder a Mark

—Y no andes contando los días que faltan para que lo veas ni los días que han pasado desde que lo viste, eso NO es bueno.

—Pero no sé si al final él me necesite realmente.

—Ya. Sobre los OTROS. Bueno, puedes estrenarte en otra actividad muy interesante: ¡Serle infiel a tu enamorado!

—¡Qué gracioso estás! ¡No te conocía la chispa!

—No lo tomes a broma, porque esto es serio. No le eres infiel del todo, claro, pero sales, digamos, con otros amigos.

—Eso mismo me aconsejan mis amigas, ellas lo hacían para no aferrarse mucho al novio.

—¿Lo ves? ¡Hay consenso entre tus mánagers!

—¡Guau! Me parece una idea descabellada pero la pensaré.

—Claro, no hay problema. Y si el amigo pone el grito en el cielo y dice NO MÁS, es una cosa. Y si dice "ah ya" es otra.

—Anoche lloré un poco cuando Mark me dijo lo que te comenté, pero luego subí mi autoestima al toque porque yo sé lo que valgo, pero dime, ¿se lo tengo que contar a él? ¿Le digo que voy a salir con otros?

—¡Estás loca! No, ni hablar, el tema era JUGAR A LA INFIDELIDAD no pedir permisitos.

—No, como me dijiste que si él ponía el grito en el cielo ¿cómo lo va a poner sino se va a enterar?

—Por no verse, el grito en el cielo por no verse seguido.

—¡Ahaahaha! Ya te entendí.

—Ya. Entonces amistan, les va bien, quedan en verse cuando sea, no importa el plazo, no hay mención de otras citas, otras salidas y todo el mundo feliz.

—¡Suena muy bien!

—Y como el pobrecito, no tiene cómo formar relaciones cuando está ensayando o de gira, tú estás segura...

Terminando de conversar con mi hermano, quien me hizo reír tanto que las penas quedaron totalmente sepultadas, me llamó Mark. Lo traté por su nombre, sin mencionar ni un sólo nombre cariñoso, pero con un tono sumamente alegre, como si nada hubiera pasado. El me trató de "muñeca" y "mi bebé" pero tampoco mencionó el "mi amor" que ya nos estaba caracterizando. Parece que él también anticipa lo que se viene. Charlamos de lo que habíamos hecho en el día con buen humor y diciéndonos cosas alegres. Sólo le pedí un favor: que leyera y respondiera brevemente el último mensaje que le mandé. Vamos a ver si mañana temprano, cuando abra mi buzón de *e-mail* electrónico, me encuentro con una grata sorpresa. No le pregunté ni una sola vez a qué hora nos veríamos mañana jueves, ni qué haríamos por la noche. Esperaré a que él vuelva a llamar para confirmar nuestra cita. Ahora sí que me voy a hacer la interesante. ¿Resultará?

Lo que no resultó fue lo del favorcito del *e-mail*. Acabo de revisar mis mensajes y Mark no se dignó a escribirme. Y eso que la manera en que se lo pedí fue muy delicada. Me referí a cuando él me dijo "yo quiero hacerte feliz" durante nuestro diálogo telefónico del martes, comentándole que recibir una respuesta suya, aunque fueran unas pocas líneas, me haría muy feliz, pero ni eso sirvió para motivarlo.

Imagino que él está en el plan de "no dejarse manipular" que algunos hombres asumen cuando creen que la mujer los quiere dominar. Y no es el caso. Le he escrito tantos mensajes que han quedado sin respuesta y le he enviado dos tarjetas románticas, muy hermosas, que él tampoco ha agradecido, ni comentado. ¿Qué me está queriendo decir con esto? "Mira, mamita, no creas que en esta relación las cosas se van a hacer a tu manera, ¿ah?" Si así fuera, me parece bastante desconsiderado de su parte, una descarada falta de cortesía.

En fin, la pena es que su reacción ante mi pedido me cambia el esquema mental con el que me había programado para esta noche. Quería ser la mujer alegre y despreocupada que él conoció y no referirme a ningún tema que le pudiera sonar a "reproche". Y ahora ¿qué hago? ¿Me trago el malestar y no le comento nada sobre el mensaje no respondido?

En ese *e-mail* le mostraba los resultados de uno de los tests psicológicos que me hice al ingresar al romance en línea donde mi estilo de amar es calificado como "romántico", lo que le podía servir de pauta para conocerme mejor. No le decía nada que pudiera fastidiarlo o sonarle a queja. En fin… ¡quién entiende a los hombres, son todos (no perdón, la mayoría) unos reverendos idiotas!

Siguiendo los latidos de mi corazón, decidí no hacerle el más mínimo reproche a Mark por no haber respondido el mensaje. Por el contrario, en cuanto lo vi y me abrazó le susurré al oído:

—Perdóname por las tonterías que te he dicho últimamente

A lo que él respondió dulcemente:

—No eran tonterías, muñeca, era lo que tú sentías en ese momento y me parece respetable.

Una vez dentro del auto nos dimos un beso y le pregunté a dónde íbamos. Me dijo que a tomar un café para conversar. Por el camino hablamos de cosas triviales relacionadas a nuestro día. Pero cuando se estacionó en la cafetería y pensé en que nos íbamos a complicar en una discusión sin sentido sobre algo pasado y sin mayor importancia, le pregunté:

—¿Y sobre qué es que deseas conversar, amorcito?

—Bueno, sobre el asunto ese de que no estás contenta con que te vea con tan poca frecuencia. No quiero hacerte infeliz, bebé.

Lo miré a los ojos y añadí con ternura infinita:

—Amorcito, te prometo que no volverá a ocurrir. He escarmentado después de nuestra última conversación telefónica y he decidido

adaptarme a tu ritmo, aceptar la realidad que estás viviendo y esperar a que vengan tiempos mejores.

Mark me abrazó fuertemente, nos besamos otra vez y agregué:

¿No preferirías ir al cine para poder estar más juntitos? Aquí ni
siquiera nos vamos a poder besar, mi amor.

Mi músico aceptó y ya en el cine, la película no nos interesó en lo más mínimo, porque los besos iban y venían cada
cinco minutos o menos y duraban una eternidad. Se nota
que a Mark le gusto, por la forma en que me abraza, besa y
acaricia puedo estar segura de eso. Sin embargo, he podido
detectar desde que nos conocimos que él no toma la iniciativa de besarme, siempre lo hago yo. Una conjetura al respecto sería que es muy sabroso "estar al merecer", o sea esperar
a que la mujer inicie. Hace que el hombre se sienta tan bien
como se siente la chica cuando es él que inicia. Entonces,
si él sabe que yo voy a iniciar de todos modos, ¿por qué no
esperar? ¡Ojala se trate de eso solamente! La próxima vez
que nos veamos se lo preguntaré de manera delicada.

Lo mejor de la noche fue la despedida donde me lucí de-
jándolo, seguramente, con cierta dosis de asombro y con un
tema más para pensar de regreso a su casa. ¡Me mordí la lengua y no le pregunté cuándo nos volveríamos a ver! Se viene
el fin de semana y dependerá de él y sólo de él que volvamos
a tener un encuentro tan romántico como el de anoche.

Mientras tanto, para no vivir contando los días y las horas
que me quedan por delante para abrazarlo otra vez, salgo
mañana con dos galanes nuevos. ¡Nada de quedarse suspirando y deshojando margaritas! ¡No!

Más reflexiones sobre
el coqueteo electrónico

Como bien sostiene Sandro Cohen, en un artículo publicado en www.netmediainfo:

"Cuando los chats amorosos eran nuevos, muchos se escandalizaron. Ahora, brillan por su ausencia los que nunca han tenido una plática amorosa por internet, o los que no conocen a nadie que lo haya hecho. Ya no vemos como marcianos a aquellos que se conocieron, se enamoraron y se casaron gracias a la existencia de la red. Hemos llegado a comprender que no es lo mismo el coqueteo electrónico que el que se realiza en carne y hueso, que es fácil construir una persona ficticia, o que nos la construyan, a partir del parloteo desencarnado de un chat.

En la vida real, la química se impone. Esto, en el mejor de los casos, es un testimonio al poder de la palabra como generadora de mundos que nos gustaría habitar, aunque fuera de vez en cuando, como en la literatura. Pero el camino que lleva del amor cibernético al terreno de la realidad está sembrado de minas. Pocos llegan a concretar relaciones sólidas de esta manera, pero ya sabemos que más temprano que tarde hay que brincar de la pantalla a la calle. Internet como instrumento, herramienta o simple medio para conocer personas puede ser positivo, pero nunca puede sustituir las relaciones entre seres humanos que comen, respiran y hacen todo lo demás".

Un estudioso del fenómeno de la comunicación, el argentino mexicano Néstor García Canclini, ha pintado un desolador panorama de nuestro tecnologizado mundo actual. En su obra *Diferentes, desiguales, desconectados*, después de recordar muchas experiencias cotidianas (voces grabadas que responden al teléfono, negocios que no funcionan porque se cayó el sistema o se desconectó el servidor), sostiene que ya nadie se hace responsable de nada (se da una creciente falta de responsabilidad) por lo cual se produce "una mayor vulnerabilidad de los individuos y un sentimiento creciente de impotencia". Y esto se puede ver en el fenómeno del amor en línea con notoria regularidad: la persona que chatea puede ignorar al otro que le dirige un mensaje y hasta puede bloquearlo totalmente, impidiéndole el acceso a su espacio cibernético.

Una interesante reseña sobre un estudio desarrollado por Ya.com alrededor de las relaciones personales a través de Internet aporta algunas pistas relevantes a la hora de valorar lo que de verdad importa a los usuarios de la *web*.

El primer dato estadístico se refiere al imperativo multicanal. El usuario no se limita únicamente a internet sino que utiliza varios canales que permiten modular el grado de relación. Así, más de un 54% de los encuestados compatibiliza Internet con el teléfono celular y un 42% ha llegado a conocerse físicamente.

Otra reflexión importante es la doble segmentación de uso. Mientras que más de la mitad de los encuestados ven a estos servicios como un medio para conocer gente afín o ampliar su círculo de amistades; un 24% lo utiliza tan sólo como vía de contacto con personas ya conocidas. La vieja diferencia entre captación y retención de relaciones sociales.

Las motivaciones de este uso pueden resumirse en tres palabras: desinhibición (37%), comodidad (17%) y rapidez (16%). Una distribución que recuerda a las razones no crematísticas que según la AECE (Informe Comercio B2C 2003) justifican el comercio electrónico: comodidad (38%), disponibilidad (14%) y rapidez (12%)

Y es qué la palabra comodidad puede que sea la clave de los canales interactivos, sobre todo en una dinámica social donde el tiempo es un recurso escaso. Aunque conviene recordar la frase de Dominique Wolton en su libro *Sobrevivir a Internet*: "Antes, comunicarse era tan difícil, que todos hacíamos un esfuerzo por entendernos".

Cuando termino de chatear con un hombre tan interesante como Bo (sí, tal cual: Bo y no Bob) me quedo meditando sobre lo que quiero encontrar, el tipo de hombre al que me gustaría dedicar la segunda mitad de mi vida. Y me vuelvo racional, calculadora.

¿Cuáles son los grandes "contras" de Mark, por ejemplo? Ya le he dado mil y un vueltas a las complicaciones que me traería unirme a un hombre como él:

Viaja con frecuencia y no ve muchas posibilidades de llevarme en sus viajes (por falta de presupuesto). En esos viajes se encuentra con decenas de mujeres fáciles que se le ofrecen o se le regalan porque es guapo, un guitarrista famoso con ese *sex-appeal* que vuelve locas a las mujeres de ese tipo. La tentación lo rodea todo el tiempo.

Reconozco que soy celosa y que si me casara con él temería que en esos viajes la pasara bien con tales mujeres, lo que me haría daño, emocionalmente hablando. Tengo herramientas suficientes como para intentar combatir ese temor, pero igual, siempre alguna duda pasaría por mi mente y es probable que eso me causara algún tipo de ansiedad.

No tiene estabilidad económica alguna. Su hijo es pequeño y deberá mantenerlo muchos años más todavía. Se ha hecho cargo de sus padres e imagino (y es algo que deberé preguntarle pronto) que también los mantiene ya que en una oportunidad me dijo que su hermana no podía asumir esa responsabilidad.

No tiene un nivel educativo similar al mío y sus temas de conversación suelen ser livianos y sencillos. Yo no sé mucho del mundo musical en el que él se desenvuelve por lo que no logro compartir su tema de conversación predilecto.

El hecho de ser nueve años menor que yo y tan alto me va a exigir estar siempre "bella", impecable, casi "perfecta" y ¡con tacos de 4 pulgadas! No sé, por ejemplo, cómo me sentiría caminando en la playa con él descalza, porque ¡ni empinándome podría besarlo bien! Todo esto llegaría a ser agotador hasta cierto punto, aunque, vivir "en pose" ha sido mi costumbre debido a mi carrera y no me ha gustado, verdaderamente.

Es un hombre con tres fracasos amorosos, dos de ellos con divorcios incluidos, lo que da un indicio de que alguna falla también hay en él, ya que no se le puede achacar la culpa exclusivamente a sus ex mujeres.

Su carrera de músico, más el resto de sus ocupaciones y sus preocupaciones absorben su mente de tal manera que no tengo idea cuánto tiempo tendré que esperarlo para que yo llegue a ser una prioridad en su vida. ¡Y yo quiero un hombre que me consienta! Objetivamente, mirándolo a distancia y con frialdad, no me conviene.

Ahora veamos el caso de Bo, a quien voy a conocer esta misma tarde.

Cuando estábamos terminando de chatear en línea esta mañana ya me estaba invitando a almorzar y a lo largo de nuestro diálogo me propuso dos veces, bromeando claro está, que me casara con él. Tiene 47 años, es psicólogo de profesión, cuenta con una Maestría en políticas públicas, trabaja como supervisor en una línea aérea y también tiene una licencia de agente de bienes raíces (experto en créditos hipotecarios). Me habló del *pent-house* en el que vive, del que acaba de vender y del departamento que va a comprar. O sea: plata no le falta. Sus hijos ya están grandes, viven en otro estado y, como su ex esposa se volvió a casar, imagino que no dependerán económicamente de él o en menor medida. Se define como muy apasionado y *hot* pero a la vez es espiritual y cristiano. Por lo que conversamos capté su nivel educativo, que es alto, y su sincero deseo de conocer una mujer como yo. Me reveló que lo he cautivado por mis fotos, mi perfil y mi conversación y que soy la primera mujer con la que chatea y va a salir, gracias al *online dating* porque terminó hace poco con su última novia. Terminó su relación con ella debido a su fuerte temperamento y a que era "manipuladora" (¡Oh horror! ¿Habrá alguna mujer que no lo sea?).

Cuando le dije que soy cristiana, que le doy suma importancia a la parte espiritual en la relación pero que considero que el aspecto sexual es igualmente fundamental, respondió con humor: "¡Vamos a casarnos entonces!"

La segunda vez en que mencionó si podríamos casarnos fue cuando estuvimos hablando de propiedades inmobiliarias porque él está por comprarse un apartamento y después de darle unos cuantos consejitos (ya que soy bastante buena en la materia) me volvió a lanzar el comentario de marras que, dicho sea de paso, me pareció muy lindo porque revela que no le teme al matrimonio. Mientras que Mark no ha hecho mención del tema ¡ni en broma!

En fin, otro potencial candidato que se anticipa como bueno. Vamos a ver si hay química y si me atrae físicamente. Su único defecto: no sabe hablar español. Pero como vivió en Brasil, domina el portugués, por lo que tal vez le resulte más fácil entender el idioma de Cervantes. En último caso, el hombre que quiera casarse con una joyita como yo, bien podría hacer el esfuerzo de aprenderlo, ¿no?

Cuando terminé de conversar con él, en una cafetería que está cerca del centro comercial de mi barrio, salí volando a la misma cafetería (pero otro local) que queda al lado de mi casa para encontrarme con José, mi nuevo admirador de 30 años. Con él no hay ninguna expectativa. Sólo me gusta la idea de conocerlo para aprovechar lo que me diga con fines periodísticos y literarios.

¡No los cité en la misma cafetería porque resultaría chocante para ambos descubrir que me despedía de uno para saludar al segundo!

¿Estaré usando a los hombres, Dios mío? Como el fin lo justifica, me considero perdonada.

En opinión de Bo, yo debí citar a mi segundo pretendiente en la misma cafetería y él se despediría cinco minutos antes. Lo dijo en tono de broma pero era obvio que el asunto no le gustaba nada. ¿Por qué le tuve que comentar la verdad en cuanto a la brevedad de nuestra primera cita? Porque no me gusta mentir, porque soy ingenuamente honesta y sincera, cosa que más que una virtud, a veces me parece un defecto. También le conté lo del libro que estoy escribiendo y me preguntó si él iba a formar parte del mismo. Le expliqué que si bien muchos de los testimonios que recogía de mis amigos eran incluidos, la verdad es que me encuentro buscando pareja también, no sólo investigando sobre romance en línea.

Bo me miraba con ojos tiernos y casi deslumbrado mientras yo le contaba en mi mediocre inglés lo que él quería saber de mi vida. Se nota que le gusto pero me temo que no está listo para volver al escenario del cortejo todavía porque recién hace cuatro meses que terminó con su enamorada, de la que me habló con increíble confianza, considerando que es un hombre al que no le agrada ventilar sus asuntos privados. No en vano tiene un buen trabajo, una maestría, un buen nivel educativo y sabe que hay temas que no se comparten en una primera cita. Pero tal vez con eso me quería demostrar un interés real. Y que conste que a él le fastidia que una mujer lo acribille a preguntas, cosa que en mi caso es más que notorio por mi estilo periodístico. También hizo una mención a eso pero me aseguró que no le molestaba por tratarse de mí: "una mujer tan dulce, sexy y atractiva".

Sabe hacer elogios y bromas simpáticas. Tiene personalidad, buen nivel social, metas claras en la vida y se nota equilibrado. Su apariencia física es muy agradable, mucho más que la de todos los otros norteamericanos con los que he salido. Y lo que más me llamó la atención en él fueron sus penetrantes ojos azules.

Creo que se ha decepcionado un poco de mí porque yo le parecía *hot* en las fotos y en nuestro chateo *online* y, sin embargo, me dediqué a hablar sobre la forma en que ahuyento a mis pretendientes quienes se cansan de salir conmigo porque después de cinco o seis citas ¡ni siquiera me han sacado un beso! Le expliqué mi teoría de tener muchos amigos para entre ellos elegir a mi futura pareja y que por eso mismo no tenía sexo con ninguno. Sonrió e hizo el siguiente comentario al respecto: "Conmigo puedes estar tranquila, porque lo que menos me interesa es el sexo". Pero lo dijo con un tono entre sarcástico y burlón y unos ojos que le brillaban pícaramente de manera tal que no le creí una palabra.

Cuando me acompañó hasta el auto quedamos en que volveríamos a salir pronto porque este primer encuentro de una corta hora de duración nos dejó con sabor a poco. Hizo varias menciones a mi físico y a la cantidad de hombres que debía tener haciendo cola por conseguir un "sí" de mis labios y yo me reí con ganas, sin responder que, modestia aparte, estaba en lo cierto.

Al cabo de cinco minutos de despedirme de Bo, me estaba encontrando con José, 16 años menor que yo. Aunque tiene un tipo tan juvenil que parece de 20 y no de 30. Su voz y sus modales son delicados. De estatura mediana, nariz respingada y contextura delgada, no es el tipo de hombre que me atrae físicamente, pero me llamó la atención su refinamiento espiritual, cosa que no he encontrado con frecuencia entre mis amigos del romance en línea, a excepción de Tommy, con quien no pude llegar a nada porque, tal vez, solo Dios sabe, no éramos el uno para el otro. Y claro que con este joven tampoco pasaré de una bonita relación amistosa.

José me pidió que cambiáramos de escenario porque el ambiente de la cafetería le parecía aburrido. No se animó ni por ir al cine ni por ir a bailar. Confiesa no ser buen bailarín. Yo le propuse ir a un bar con orquesta americana en vivo que queda en Hollywood, a unos quince minutos de donde estábamos. Nos fuimos en su auto dejando el mío estacionado allí mismo. Cuando llegamos al bar, José cambió de opinión y decidió llevarme a Fort Lauderdale, a caminar por el boulevard Las Olas. Cosa curiosa: los dos lugares me traían lindos recuerdos de mi Mark, en quien no dejo de pensar a pesar de estar saliendo con otros. Es más, durante mis citas con Bo y con José tenía el celular encendido y a la mano y había planeado una estrategia para poder contestar y no parecer descortés con mis amigos. Pero la llamada no se produjo. Por lo menos no a mi celular. ¿Habría llamado a la casa como solía hacerlo últimamente?

Mientras nos encaminábamos a la playa, José me explicó su teoría sobre el amor:

—La mayor parte de la gente no sabe lo que es el amor, Carola, lo entienden en teoría, pero no lo viven en la práctica.

—Sí, porque la práctica es lo realmente difícil… amar puede hasta dolernos mucho —comenté.

—Así es, porque fíjate: una cosa es el amor y otra es el apego. En la mayor parte de los casos en la relación de pareja lo que se da es lo segundo. Hay un apego emocional tal que una de las personas quiere poseer o dominar a la otra o, inclusive, se puede dar que ambas se quieran dominar mutuamente lo que termina por crear un infierno y no el ambiente amoroso que se supone debe rodear a una pareja.

Mientras lo escuchaba, pensaba en mi relación con Mark y reparaba en cuánto de apego había en mí hacia mi enamorado y cómo debería intentar luchar de ahora en adelante contra eso porque, coincidiendo con José, reconozco que el amor busca la felicidad del otro y no la propia.

Por eso, en teoría, no debería afligirme debido a lo poco que vea a Mark durante la semana. Mi nivel de renunciación debería ir creciendo en la medida en que crezca mi amor por mi músico.

—Me parece muy cierto todo lo que me comentas, José, pero tú te estás refiriendo a un tipo de amor "universal" que es generoso, altruista y que no desea poseer al otro pero que no corresponde con lo que Eric Fromm definía como "amor erótico" o amor de pareja.

—¿Y cuál es ése, Carola?

—El amor erótico es exclusivo y excluyente. Quiere decir que los dos son el uno para el otro, que los dos se unen en una sola carne y se fusionan de tal manera que, por lo menos en el sublime momento en que se hace el amor, se "poseen" sin reservas. Y tal posesión mutua no es perjudicial sino benéfica para ambos.

—Uhmmm… no estoy de acuerdo. No debemos hablar de "posesión" en ningún caso porque eso nos remite al concepto de apego y no al de amor.

—Qué difícil debe ser no querer "poseer" al ser amado, veo que tú lo has logrado, José.

—Bueno, eso intento. Por darte un ejemplo: si yo encontrara a mi pareja en brazos de otro hombre, no me molestaría sino que le diría: si tu felicidad está con él, eres libre para partir, y la dejaría ir sin cuestionamientos ni reproches.

—¡Cuánto te admiro! —agregué. ¡Y cuánto me gustaría llegar a sentir como tú algún día!

—La mayor parte de nosotros se decepciona de su pareja porque tenemos expectativas irreales. Ten en cuenta que como somos imperfectos, deberíamos estar preparados para enfrentar una situación que se va a dar de todos modos en la vida matrimonial o en la convivencia: el otro nos va a fallar y tendremos que perdonarlo y aceptar que eso era previsible.

—Tienes toda la razón, pero qué bueno fuese si pudiéramos confiar en la otra persona ciegamente.

—Casi imposible, mejor es estar preparados y saber que nos va a fallar porque, de esta manera, cuando nos decepcione, el impacto no será fuerte, al contrario, nos parecerá algo totalmente normal... y estaremos en condiciones de superar el problema.

Estuvimos muy poco tiempo en la zona de playa de Fort Lauderdale porque la temperatura ambiental no favorecía nuestra caminata. Más fue lo que hablamos dentro del auto que fuera de él, lo que me sirvió para conocer a un hombre muy parecido a mi esposo que, ¡oh! coincidencia, lleva su mismo nombre y que me hizo recordar lo que realmente vale la pena en materia de amor de pareja y cuánto tengo que superarme para lograr ser la mujer espiritual que pregono ser.

Como bien señala Deepak Chopra, no hay coincidencias en esta vida. Estoy segura de que mi esposo puso a este joven en mi camino, para darme una lección con respecto a lo que necesito cambiar en mí misma para tener una excelente relación de pareja con Mark o con quien el Señor haya elegido para mí. (¡Si no fuera Mark, gozaré de la presencia de este hombre en mi vida hasta que sea posible y todo lo que sea posible!)

En cuanto llegué a casa lo primero que hice fue preguntar a mis hijos si había llamado Mark. La respuesta fue que sí. ¿Por qué no me habría llamado al celular entonces? Dejó dicho que me avisaran que me había telefoneado. O sea que estaría esperando que yo hiciera lo mismo. Pero recordando el consejo de mi hermano: "hazte extrañar" no le devolví la llamada telefónica y eso me produjo una sensación placentera, algo así como: te estoy dando sopa de tu propio chocolate, mi amor. Luego me dije: qué mal que sientas así, Carola ¡qué mal! ¡tanto hablar de superación espiritual esta noche para que te comportes de esta manera! pero, a pesar de tal reconocimiento, continué sonriendo. Y decidí esperar a que, mañana sábado, él decida comunicarse conmigo nuevamente. Así lo dejo "respirar" y, tal vez, ingrese el bichito de la preocupación a su mente. ¿Lo lograré? Me acosté y dormí con la misma pícara sonrisa en los labios y una ligera sensación de que las cosas entre Mark y yo se pueden arreglar, si Dios quiere.

MÁS CONSEJOS PARA ENAMORARSE EN INTERNET
Y NO MORIR EN EL INTENTO

✓ Hay pocas cosas que despierten tanto la fantasía como el contacto virtual con un desconocido. Un par de detalles, genuinos o fingidos, unas cuantas frases llenas de humor salpicado de erotismo y ya está: la persona al otro lado de la línea empieza a imaginar a la pareja "ideal". Los deseos propios pueden convertirse en la mejor de las trampas.

✓ Enamorarse por Internet sin tener en consideración otros elementos de juicio no sólo es inapropiado sino que, como consecuencia del desengaño, es posible sufrir una desilusión que afecte emocionalmente al que la padece.

✓ El internauta puede enamorarse de una imagen que sólo existe en su mente. Esa persona está deseosa de recibir una cantidad de palabras bonitas, de mensajes que le lleguen al corazón, que sólo están en la mente de ese desconocido que la ha idealizado igualmente.

✓ No resulta nada lógico ni práctico enamorarse de una foto que podría no ser tan reciente o que quizás no muestra el ángulo apropiado de esa persona para conocerla mejor. Sólo sería una ilusión que podría desvanecerse al verla personalmente.

192

✓ Lo ideal sería cuidarse mucho de no enamorarse hasta compartir con esa persona la mayor cantidad de tiempo posible y sopesar si realmente es quien se está buscando y si es cierto todo lo que decía y ofrecía por Internet.

✓ La magia y el romanticismo especial que tienen las palabras que se dicen por medio de una pantalla de computadora es difícil de explicar, porque para entenderlas hay que estar enamorada del amor. Y éste es el problema de la mayor parte de mujeres que tienen un romance en línea, que establecen una relación "con un sentimiento" y no con un ser real, de carne y hueso.

✓ Hay que considerar que el romance en línea se presta al engaño porque mentir respaldado por el anonimato de un chat resulta sumamente sencillo. Pueden engañarnos haciéndonos ver lo que no es, podemos engañarnos viendo sólo "lo que queremos ver" y hablar de amor cuando en realidad nos referimos a una relación exclusivamente platónica. Pues así como la sociedad posmoderna acepta sin demasiados reparos el sexo sin amor, también hoy, gracias al auge de los sitios de citas en línea, es posible concebir el amor romántico sin sexo.

✓ Las personas especialmente románticas que se toman este asunto en serio, deben tener en cuenta dos peligros que aparecen al inicio de cualquier relación en línea: el deslumbramiento y la idealización. La mujer romántica, por ejemplo, queda deslumbrada por las fotos y el perfil del hombre que ha llamado su atención y cuando se produce la primera interacción verbal, vía *e-mail* electrónico y diálogo escrito en el foro de chat, entonces ella empieza a idealizarlo, considerando casi desde un principio que podría ser "el hombre de su vida", sin siquiera conocerlo.

193

✓ Formamos parte de una civilización constructora de máscaras en la que el ser se suele confundir con el parecer. Identidades desdibujadas, negadas, irreconocidas, vapuleadas. Hay personas que se refugian detrás de la pantalla, se sienten protegidas de sus propios miedos y de sus inhibiciones. Solos, cada vez más solos, dan vueltas por la red buscando aquello que no saben encontrar en la calle porque desconocen lo que buscan y porque además tienen mucho miedo. Y como es difícil reconocer si el pretendiente internauta de turno es una de esas personas, hay que ser prudente, actuar con cautela, emplear el raciocinio y no dejarse envolver por palabras bonitas para luego sufrir una decepción amorosa.

✓ Desinhibidos detrás del teclado y la pantalla, los internautas construyen con sus fantasías una realidad virtual que luego tendrá que ser contrastada con la "realidad real". Si uno está preparado para decepcionarse continuamente en las experiencias de romance en línea, lo que supone un nivel bajo de expectativas, saldrá mejor parado de los romances virtuales y... ¡no morirá en el intento!

Chatear con mi hermano me sirve de catarsis y consuelo y me da ideas para salir adelante, a pesar de los malos momentos. Creo que estoy cerrando otro capítulo de mi libro sobre *online dating* y de mi vida personal: el capítulo de Mark. Me duele reconocerlo pero es cierto.

Aprendí otra lección: no confiar en las palabras del hombre que dice que está enamorado acabando de iniciarse la relación y también desconfiar de sus promesas, porque la mayor parte de las veces, no las cumplen.

El detalle de lo último que viví con Mark aparece en el chateo por internet que sostuve a pocas horas de haber hablado por teléfono con mi músico y haber derramado unas cuantas lagrimitas de impotencia y pesar.

—Hermano querido... ¿estás tranquilo como para contarte las últimas?

—Sí, estoy limpiando mi *e-mail*, nada más

—Qué bueno que tengas tiempo... ¡malas noticias!

—¡No! ¡Cuéntame!

—Hace poco terminé de conversar con Mark por teléfono, el jueves lo pasamos lindo como te conté y no le pregunté cuándo nos veríamos

—Muy bien, sí, recuerdo que me contaste

—Ayer me llamó por la noche y yo había salido con un amigo, así que no hablamos porque quise "hacerme extrañar"

—Claro, eso te lo recomendé yo mismo

—Y cuando me llama a las 7 p.m. me dice que no puede verme hoy porque tiene que hacerle un favor a un amigo, darle una clase de guitarra gratis a un sobrino de su compañero de banda, en fin, y que mañana tiene que lavar ropa, hacer tareas de la universidad, estudiar, comprarle el regalo que le debe a su hijo desde Navidad, que mañana no puede verme y que la próxima semana la tendrá muy difícil porque llevará el carro al taller y porque la tiene *full*. En fin

—¡Ay caray!

—Le pregunté si realmente tenía interés en nuestra relación, que me dijera la verdad, me respondió que claro que sí pero que yo tenía que atenerme a su situación y comprender que no podía verme. Yo le respondí que para mantener viva una relación amorosa lo mínimo aconsejable sería unas dos veces por semana, que era lo que ya veníamos teniendo; lo interpretó como que me estaba quejando otra vez y yo le había prometido no quejarme, por más que le expliqué que yo lo apoyaba pero que mi corazón tenía el deseo de verlo con alguna frecuencia, creo que se quedó con la impresión errónea de que seguiré reclamando el que nos vemos poco. Pero es que ya esto me parece demasiado, ¿una

195

vez por semana viviendo en Miami? ¿Es más importante ponerse al día en cosas de la casa que verme?

—Claro que no

—Hasta le ofrecí que yo iría a su casa mañana y que podíamos comprar el regalo de su hijito y tal vez almorzar juntos

—¿Y?

—Me dijo que eso le iba a tomar unas tres horas y no las tenía, en fin, lo siento tanto y me temo que ya no tiene el mismo interés en mí que en un principio, pero no entiendo por qué no corta de una vez por todas la relación, por qué quiere seguirla estirando

—Porque le interesas pero no está enamorado

—El me dijo una vez que no quería jugar con mis sentimientos, pero si vieras las cosas que me decía antes, me dijo que era el amor de su vida, que me amaba, que me adoraba…

¡Guau!

—Tantas cosas bonitas ¿por qué cambió tan radicalmente? ¿cómo puede quererme y no tener ganas de verme?

—¿En qué circunstancias te decía esas cosas bonitas, románticas?

—Porque te das cuenta que no se muere de ganas, es obvio, primero en los mensajes, segundo chateando en línea, tercero en persona, en cada cita hasta que se fue a México. Me temo que allá conversó con un amigo y éste le debe haber dicho que yo lo estaba manipulando o algo así, es lo único que se me ocurre

—Bueno, mira, creo que lo que te toca hacer es darle rienda suelta hasta que vuelva

—¿O sea dejarlo? pensé decirle que seamos amigos, ahora sí…

—Verse cuando se ofrezca, cuando sea fácil. Es una pena, claro está, pero no tienes que perderlo del todo. Pueden salir, y verse de cuando en cuando, y pasarla bien

—Claro, pero como amigos, porque la tortura mía es que con este temita de la fidelidad que no me abandona, me siento mal cuando salgo con otros estando con él, y para colmo de males: no dejo de pensar en él ¿tendré que pensar que es un cretino para sacármelo de la cabeza? Tengo dos hipótesis

—¿Cuáles?

—¿Te acuerdas que te conté que no toma la iniciativa en los besos?

—Sí, lo recuerdo

—Creo que es porque las mujeres siempre se le han ofrecido, se le han regalado, no me lo ha dicho pero es fácil deducirlo

—Claro. Es un engreído

—La segunda hipótesis es sobre por qué le teme tanto a verme seguido

—Dime...

—Porque le asusta la idea de ser manipulado, de que su mujer lo maneje, así le debe haber pasado con las anteriores, entonces establece esa distancia para evitar involucrarse tanto como para que yo entre a formar parte de su mundo y lo pueda manejar desde adentro ¿no crees?

—Podría ser, podría ser, pero nos movemos en el terreno de las especulaciones. Carola, creo que tienes que hacerte a la idea de que NO te puedes enamorar tan rapidito. Qué te parece...

—Sí, claro, pero era él el que más insistía. Al principio yo no era la "tan" enamorada sino él, parecía "amor a primera vista" en su caso

—Cuestión de ritmos hombre-mujer y de apetencias.

—Y después de México, o sea a fines de diciembre, todo cambió

—Carola, una verdad. ¿Te atreves a escucharla? NO es fea

—Claro, te escucho

—Mira. Este asunto de enamorarse es algo que tienes que aprender a partir de cero

—¿Qué significa eso?

—Ya no te acuerdas cómo era. Hace demasiado tiempo que no te enamoras de nadie. ¿Veinte años?

—29, considerando los años de enamorada que tuve con Joaquín antes de casarnos

—¿No ves? Casi un tercio de siglo. Y te diré que la civilización occidental ha cambiado

—30 si contamos el año y medio de viuda y ¿cómo es ahora el asunto?

—¡Y yo qué sé!

—¡Qué gracioso eres, hermano!

—Bueno, lo sé pero no en cabeza propia sino en múltiples cabezas de mis alumnos, que algunos me cuentan todo, pero todo todo

—¿Y?, ¿qué hay que hacer? Porque yo sigo creyendo en tonterías como "el hombre que ama pone a la mujer sobre un pedestal" y cosas por el estilo

—Bueno. Creo que, si quieres resumir todo en una sola frase, LO QUE HAY QUE HACER ES NO TOMARSE NADA MUY EN SERIO

—Qué difícil, yo seré alegre pero la verdad que la relación de pareja me parece una cosa muy seria

—No tanto. Es una especie de sana relativización

—Requiere de mucha entrega, esfuerzo, dedicación y hasta sacrificio de ambas partes

—Claro que el amor es serio pero NO es solemne

—¿Quieres decir que, por ejemplo, otra mujer soportaría lo que Mark me está haciendo?

—Claro. Diría, hummm… quiere libertad, ajá, bueno, se la doy. Y me quedo yo también con mi cuota de libertad y veremos qué pasa

—O sea, una relación así puede durar meses y meses sin avanzar, sin llegar a nada

—Eso, precisamente. Los chicos NO quieren avanzar. A dónde., para qué, con qué propósito, cuál es la meta, llegar adónde, para hacer qué, para lograr qué, para ganarle a quién

—¡Qué horror, para casarse, obviamente! O sea que los hombres le temen al matrimonio

—¡Pues claro!

—Mark me dijo que él no pero vaya una a saber

—Mi hijo se va a casar dentro de un par de años. Mientras tanto vive con su novia de lo más bien, y se adoran, lo he visto y lo veo, pero no se complican la vida de nada

—Qué lindo, pero ¿después de cuánto tiempo se fueron a vivir juntos?

—Un año y medio. Pero eso porque estaban en Lima, que en Estados Unidos hubiera sido mucho más pronto

—Mira, la cosa es que hay una libertad mayor y una relativización mayor, una especie de convicción de que el mundo es muy frágil y todo es muy transitorio, o puede volverse transitorio, y por eso, no complicarse la vida. Normal, no más

—Claro, yo tengo la siguiente idea, si la vida es tan corta...

—A ver...

—Y uno quiere amar y ser amado...

—No es tan corta tampoco.

—¡Qué pérdida de tiempo y de felicidad sólo ver al amado una vez a la semana!

—Claro. Porque lo amas. El asunto es cómo...

—¿Cómo qué?

—Cómo lo amas. O amas como obligación (forma antigua) o amas como opción (forma moderna). Obligación es: "¡uy!, ya van a ser las tres, tengo que cancelar esto y correr". Opción es: "amor, se me hizo tarde, ¿podría ser mañana?"

—Claro, pero mucho mas lindo es buscar el tiempo para estar con el otro porque se lo extraña

—Cuando los dos se sienten motivados, claro, en cuyo caso ya no hay obligación, pero eso sucede A LA LARGA y sobre todo SOLITO. Los amores de ahora no quieren sentirse obligados, requeridos, tensados, impuestos. Quieren suceder solos

—Tienes razón

—No forzar, no forzar, jamás forzar

—Para eso mejor que sea mi amigo ¿o lo pierdo?

—Mira. Si le dices "esto va a ser de tal y tal forma" ya es una camisa de fuerza. Piensa que TIENE que ser de esa forma y no de otra. Si NO DICES NADA entonces la relación de ustedes puede tomar la forma que quiera tomar.

—¡Ah! ya te entendí ¿y si le pregunto si él preferiría que quedáramos como amigos?

—¿Por qué tienes que preguntarle nada para definir nada?

—Mira, hermano, nunca sé qué día vamos a salir, entonces ni siquiera puedo aceptar otras citas porque yo prefiero estar con él que con los otros, claro

—No pues, le dices "ooops, tengo un *date*". Y lo lamentas de verdad, por supuesto, y se lo dejas saber, pero no plantas a nadie por él

—¿Qué?... ¿y siendo mi enamorado va a aceptar que tenga otro *date*?

—¿Enamorado? ¿Qué es eso? ¿Quién dijo que eran o estaban? ¿Cuándo pasó?

—Él me lo pidió, oficialmente, al estilo antiguo, el 14 de diciembre

—Ajá. Formalmente. Uy. Eso cambia la figura.

—Sí, pero te confieso algo, él lo había dado como un hecho, algo implícito porque quedamos en que ya no saldríamos con otras personas, que íbamos a concentrarnos el uno en el otro, entonces fue que en un mensaje, yo le pregunté qué éramos y él me respondió que creía que ya era obvio que éramos novios

—Para mí esto totalmente cambia la figura

—Yo le dije que sería lindo que me lo dijera en persona y fue así que se animó, pero lo hizo bastante decidido, inclusive dijo: "te reitero que me estoy comprometiendo contigo, Carola... ¿quisieras ser mi novia?" él traduce "novia" como *girlfriend*

—Claro, *girlfriend*, que es "enamorada", porque novia para casarse es *bride*

—Sí, eso mismo, entonces ahora, ¿por qué crees que la cosa cambia?

—Porque yo no tenía en el recuerdo este antecedente. Y me parece que no lo ha tomado en serio, o no es muy serio que digamos.

—¡Bien dicho!

—Porque uno es responsable de sus palabras, pues, de sus actos. Si estuvieran cortejando, vaya y pasa, las cosas se calientan y se enfrían, es la vida. Pero si hay este compromiso de palabra, las cosas son distintas

—¡Claro! por eso mi idea de volver a ser amigos

—Ahí sí cabe, por supuesto.

—Ahora te doy un dato nuevo, anoche conocí a un norteamericano de 47 años, inteligente, educado, con una maestría en políticas públicas, con un buen empleo, que vive cerca de mí, medianamente apuesto y al que yo le he gustado mucho, pero ¿sabes cuál es la sensación que me produce?

—Dime

—¡El inglés es mi gran obstáculo! No me imagino hablando de ahora en adelante sólo en ingles, ni por amor a un hombre, porque éste sí está buscando una mujer para casarse, me lo dijo dos veces

—¡Al carajo! ¡Por amor a un hombre, o a una mujer, uno renuncia a más que el propio idioma!

—Yo no domino tanto el inglés como para expresar todo lo que siento ¿Se puede llegar a comunicar con el mismo sentimiento y con la misma pasión en una lengua que no es la materna? ¡A mí me resulta tan difícil!

—Bueno, yo sí he podido, pero el inglés es como una segunda lengua materna, lo hablo hasta mejor que el castellano

—Tendría que meterme a un intensivo de conversación y ¡listo!

—¡Ay, Dios mío, él MISMO es tu propio intensivo! Muy pero muy bien ¿viste? No tienes porqué llorar ni sentirte compungida. Mira, ahora se me ha hecho un poco tarde pero un buen tema para tu libro es el siguiente: ¿Cómo afecta el internet las relaciones entre las personas? Esto que estamos haciendo ahora, ¿lo haríamos con la misma facilidad a viva voz?

—Buena pregunta. En parte mi libro intentará responderla.

—Pero hay más. Lo escrito en papel de carta queda registrado para siempre. Y esto de ahora se lo lleva el espacio cibernético.

—Cierto, el *e-mail* electrónico y el chateo son la crema y nata de la comunicación instantánea

—Aquí hay más libertad que a viva voz y más libertad que por carta en papel

—Muy interesante y coincido contigo

—El asunto de fondo es ese: el grado de libertad que permite

—Mucho mayor que el teléfono, inclusive, los hombres cortejan mucho mejor

—Claro

—Te cuento que uno de mis pretendientes jóvenes...

—Uno se atreve a más

—Al que le dije que sólo podíamos ser amigos y me interesaba como entrevistado para el libro (eso no se lo dije, obvio) Se intimidó totalmente cuando me tuvo delante y en el chat era el as de los piropos e insinuaciones

—Sí, pues, joven al fin...

—¡Ah!, Mark ha sido mucho más directo en materia sexual las dos veces que hemos chateado que por teléfono o en persona. Parece que se sienten más seguros, respaldados, se vuelven más aventados

—No, con escape

—¿Con escape? ¿Cómo?

—Bueno, no te ven a los ojos. De modo que pueden mentir mejor. Tienen escapatoria. Luego pueden decir "no quise decir eso". Mirando a los ojos no hay modo

—Es verdad, bueno hermano lindo, gracias mil por la conversación, ahora sí voy a poder dormir y no voy a derramar ni una sola lagrimita

—No veo por qué ibas a llorar

—Por tonta, ¿por qué más? voy a decirle chau a mi guapo *boy-friend*, ¡con el que por suerte no me acosté!

—Mira, Carolita, con estas cosas se aprende, en ese momento estabas totalmente fuera de forma, ¡ahora estás mejor!

—Gracias ¡eso me alienta!

Del romance en línea al romance cara a cara...
6 tips de valor agregado

Es de suma importancia pasar de las citas en línea a las reales cuanto antes. Si la persona con la que iniciamos la conversación en línea vive cerca de nuestra zona, a una hora de distancia o menos, la primera cita debería producirse a más tardar entre la primera y la segunda semana del primer contacto. Si se retrasa demasiado es una mala señal.

Una vez que se tiene frente a frente a la persona con la que se estableció la relación en línea, nada mejor que tener en cuenta algunas pautas para no estropear la primera cita, ya que del éxito de ésta dependerá si hay una segunda o no.

Las mujeres deben tener presente la diferente psicología masculina y no hacerse demasiadas ilusiones con respecto a la primera cita.

Consideren las siguientes recomendaciones:

1) Que para ti la cita haya sido fabulosa no quiere decir que para él lo haya sido en igual medida, ni siquiera cuando lo diga abierta y claramente. Él puede decirte que lo pasó de maravilla y que te llamará para volver a salir, pero eso no quiere decir que te llamará al día siguiente. Para comenzar, lo que un hombre te diga al final de una cita no es necesariamente

la verdad, es lo que él sabe tú quieres oír de sus labios. Así que, relájate y no le des tanta importancia a algo que para él no la tiene. Él estaba pasando un momento agradable, viviendo "el" momento a tu lado, pero luego regresa a su rutina diaria, a sus ocupaciones y preocupaciones y se olvida de ti. ¡Así de sencillo! La única manera en que puedes saber qué tanto le interesaste es cuánto se demora en invitarte a una segunda cita. E inclusive esa segunda cita puede que para él no signifique mucho tampoco.

2) La mejor manera de evitar llevarte un gran chasco en la primera cita es descartar de plano a todos aquellos hombres que no te interesan en realidad y no perder tu tiempo saliendo con todos los que te inviten por teléfono o *e-mail* electrónico, a no ser que asumas que te estás sacrificando porque estás aprendiendo las técnicas del cortejo en la práctica y esos hombres que no te gustan te sirven de "ensayo". La gran ventaja del romance en línea reside en que te brinda la oportunidad de conocer mejor a tus posibles citas por *e-mail* electrónico y teléfono y sólo salir con aquellos con los que intuyas que la cosa puede funcionar.

3) Sé consciente de la competencia. Reconoce que los candidatos a salir contigo han establecido contacto con otras mujeres que usan el mismo o diferentes sitios de citas en línea que tú. No eres la única en el mundo. Si él no te vuelve a invitar a salir ni te llama por teléfono es porque está a la caza de otra (u otras) de manera más activa. Por tanto, nada mejor que reducir tus expectativas y no creer que el hombre que está sentado frente a ti tomando el cafecito va a ser tu futuro esposo o algo por el estilo. Contrólate y, el aire de alta auto estima y falta de desesperación que emanes, será para él tu mayor atractivo.

4) No peques de ingenua y vayas a creer que, porque te pide salir en una segunda cita, eso significa que quiere exclusividad contigo. Él puede querer salir con varias al mismo tiempo por un lapso prudencial para conocerlas, compararlas y poder decidir; si es que él está en busca de una relación (porque si no lo está ni siquiera se sentirá tentado a "definir" algo). Por ende, lo más conveniente es que te relajes y que practiques el mismo método: salir con varios simultáneamente, conocerlos y compararlos hasta que encuentres uno que llene todos o casi todos tus requisitos y entonces y sólo entonces decidas que estás lista para una relación exclusiva.

5) Si algunos de tus amigos en línea te causan una impresión demasiado buena como para desperdiciar una primera cita en un café, pregúntale si no podrían salir a cenar o a caminar a la playa y dedicarle mas tiempo al primer encuentro, en fin, nada pierdes con intentar un primer contacto con ese hombre que tenga probabilidades de producir algún impacto. La idea del cafecito a la carrera puede ser un arma de doble filo, así que cuidado con ella.

6) Y un último consejo para cuando las cosas avanzan bien, a paso ligero y, de repente él se desaparece como por arte de magia. No te aferres a ningún hombre, no te obsesiones con ninguno, mientras más te le pegues y te muestres necesitada de él, más se alejará de ti, más huirá de tu lado. Dale libertad, respeta su tiempo y su territorio y él sentirá, progresivamente, que eres la mujer que necesita para seguir siendo libre, ¡a pesar de querer casarse contigo!

No me siento capaz de seguir la sugerencia de mi hermano de "no tomar en serio" mi relación con Mark, y dejarlo todo a la buena de Dios.

Mi única experiencia amorosa significativa, la de 28 años con mi esposo, fue maravillosa y extraordinaria porque se fundamentó en una escala de valores de la que no puedo claudicar a estas alturas de mi vida.

Y por ello, decidí escribirle un mensaje a Mark, abrirle mi corazón y permitirme poner punto final a este romance que justo, cosa curiosa, empezó hace dos meses, un 23 de noviembre, el día en que nos conocimos.

Hola mi amor,

Te escribo porque creo que siempre es mejor dejar los sentimientos plasmados en blanco y negro para que la otra persona los pueda releer, de ser necesario, y no haya lugar a posibles malas interpretaciones, cosa que suele ocurrir en las conversaciones por teléfono e inclusive en las "cara a cara", donde nuestras emociones interfieren y nos impiden comprender qué es lo que verdaderamente nos está diciendo el otro.

Voy a ordenar mis ideas basándome en algo que yo veo con mucha claridad y que no sé cómo veas tú ni qué pienses . Por eso te escribo, para que hagamos un último intento por llegar a un acuerdo sobre nuestra relación, de ser todavía posible.

Nada mejor que abrir nuestros corazones y ser auténticos.

Porque con el conocimiento mutuo el amor crece y se vuelve sólido y duradero.

Siento que antes de tu viaje a México todo marchaba excelentemente bien entre nosotros:

Tú me escribías *e-mails* casi todos los días diciéndome cosas realmente bellas que me llenaban el alma de dicha e ilusión. Luego, desde el 29 de diciembre, no volviste a escribirme una sola línea, tesoro, ni siquiera comentaste las cartas de amor que te envié, que eran gestos concretos de mi amor hacia ti. En una conversación telefónica te comenté que extrañaba tus mensajes, que por lo menos respondieras con unas líneas al último que yo te escribí. Te lo pedí diciéndote que era una forma en la que tú podías hacerme feliz (que es algo que te interesa, según me has dicho). Por teléfono me respondiste que sí, que sí lo ibas a hacer, pero no cumpliste, mi vida. Y eso me duele.

En nuestros chateos en línea, (pocos pero muy lindos) tú eras súper romántico y sensual. Me dijiste cuando estuve en Lima que yo era "el amor de tu vida", cosa que me pareció maravillosa pues yo tenía la misma expectativa con respecto a ti. En otros de nuestros chateos me hablaste de todo lo que me deseabas y las fantasías que tenías conmigo. Cuando me dejaste en el aeropuerto me repetiste que me amabas. Yo estaba convencida de que te estabas enamorando tanto de mí como yo de ti y que, lo natural, lo lógico, lo ideal era que comenzáramos a vernos con más frecuencia para poder disfrutar de tan precioso y especial amor. O sea, ¡eras tú quien estaba creando en mí unas expectativas muy altas con respecto a lo intensa y bella que sería nuestra relación más adelante!

En tu primer *e-mail* largo me dijiste que la PRIMERA PASIÓN de tu vida eran "tu hijo y tu mujer", junto con el amor entendido como fuego, romance y ese sentimiento maravilloso que nos hace más felices. Pues bien, mi corazón me decía que si yo podía llegar a ser la gran pasión de tu vida, ocuparía también un lugar prioritario en tu agenda, en tu jornada, en tu vida cotidiana. Por esta causa, porque para mí la INTENSIDAD del amor se mide por la cantidad y calidad de momentos compartidos a plenitud, me ilusioné con la posibilidad de estar más a tu lado ¿me entiendes, amorcito? Tú me decías que querías vivir un amor "intenso" y no me entra en la cabeza cómo se puede lograr esto viéndose el uno al otro una vez por semana. El teléfono no reemplaza nunca la comunicación cara a cara porque no podemos tocarnos por teléfono, no podemos respirar al unísono, no podemos besarnos apasionadamente ni sentir el calor de nuestros cuerpos. Y no estoy hablando de sexo solamente, me refiero al proceso de enamorarse en que los que se quieren se miran a los ojos y se dicen cosas bonitas, se besan y se abrazan, se acarician y se regalan ternura el uno al otro.

Pero si me refiero al asunto sexual, se suponía que era justo para ayer que habías planeado nuestra primera noche, cariño. Eso me lo dijiste la semana pasada y mi corazón lo anhelaba, esperando que recordaras lo que me ofreciste. Pero, lamentablemente, anoche preferiste dictar una clase gratis cuando hubieras podido decirle a tu amigo que ya tenías un compromiso conmigo.

Me has ofrecido varias cosas sabiendo que no las ibas a poder cumplir, amor lindo. El 14 de diciembre, cuando en el auto me pediste que fuera tu novia, yo te pedí que por favor trataras de verme con más frecuencia y tú me respondiste dos veces y con mucho énfasis: "Sí, sí". Tal vez cuando empezaste a buscarme no te diste cuenta de que una mujer como yo, pura, de buen corazón y que se entrega toda no tiene la mentalidad de las mujeres "modernas" con las que tú salías y con las que la cosa no funcionó, tal vez, también, porque no se veían casi nunca. Anoche me dijiste por segunda vez que con tus anteriores novias quedaban en verse cuando podían y a veces a ti se te presentaba una posibilidad pero si ella estaba ocupada (porque no sabía que tú estarías libre) te decía que no podrían verse. ¡Qué desperdicio! Cuando hay amor verdadero, los amantes sueñan con compartir, con estar uno al lado del otro, la mayor cantidad de tiempo posible ¡se extrañan, se desean y se necesitan!

Yo supongo que TU NECESITAS UNA MUJER QUE NO TE NECESITE. Pero, curiosamente, ese no es el tipo de amor "intenso" que dices estar buscando.

Llegará el día en que, si quieres ser feliz de verdad, tengas que decidir y optar. No se puede tener todo en esta vida. O se tiene dinero o se tiene amor (o se tiene ambos pero de manera mediocre e incompleta). Si quieres un amor de novela, apasionado, intenso, con mucho fuego y romanticismo, tu mujer querrá ser una prioridad en tu vida, no la última rueda del coche en el que te movilizas. Y te hablo desde mi perspectiva femenina. Conozco lo que sienten las mujeres. Inclusive aquellas que se revisten de la careta de la "indiferencia" y se hacen las "interesantes" manteniendo una distancia tal con su enamorado que éste parece más un amante de una vez por semana que un novio; inclusive ésas desean ser amadas en el fondo de sus corazones, de una forma total, que no deje lugar a dudas.

Hasta ahora no entiendo qué sucedió en México que cuando regresaste te sentí tan pero tan cambiado, amor mío. Y quisiera llegar a comprenderlo para quedarme tranquila. Me parece raro, por ejemplo, que tú no tomes la iniciativa en los besos cuando estamos juntos. Soy yo la que siempre te besa primero. El jueves en el cine no hubo una sola oportunidad en que tú hicieras el gesto de buscar mi boca. ¿Por qué? Y además, como ya no respondes a mis mensajes y quieres verme cada vez menos, pues ponte en mi lugar y piensa si esto no es suficiente como para que yo dude sobre tus sentimientos hacia mí.

El miércoles que fuimos a la playa, después de tu regreso de México, me dijiste: "no voy a jugar con tus sentimientos", y ahora me pregunto qué quisiste decirme con eso ¿No será que en el fondo reconoces que me estás fallando después de haberme ofrecido un amor intenso, donde tú te guardarías para mí y yo para ti y seríamos " el uno para el otro"? ¿Me has fallado o te estás fallando a ti mismo, tesoro?

También esa noche me dijiste que me habías traído un regalo de México y hasta ahora no me lo has dado, lo que me indica que te olvidas muy fácilmente de lo que me dices, lo que suele ser algo muy típico en los hombres. También olvidaste, por ejemplo, que para ayer sábado me habías ofrecido que estabas planeando nuestra primera noche juntos. Y el domingo pasado me ofreciste el programa de computación para poder trabajar en mi computadora portátil y fui yo quien tuvo que decirte luego que mejor no me hicieras ese favor para que vinieras a verme el jueves más temprano y pasar más rato juntos. Es decir, cariño, que yo estoy sacrificándome todo el tiempo por no complicarte más la vida. Te dije en otra ocasión que no quería que gastaras en mí y si haces memoria, no te he ocasionado más que gastos mínimos cuando hemos salido juntos, y eso lo hice por consideración a ti, ¡porque me pongo de tu parte! Y también, por amor a ti, me siento feliz cuando comparto momentos contigo y con tu hijo, cosa que cualquier mujer liberal y moderna, de ésas que no tienen tiempo para el novio, NO haría en los inicios de la relación.

Finalmente, creo que en la relación de pareja la cuota de sacrificio para adaptarse el uno al otro debe ser distribuida 50% y 50% entre las dos partes. Es decir, que tú también deberías tratar de "ceder" en algo para hacerme feliz. Pero tú quisieras verme feliz en la medida en que sea YO la que me adapte a todas tus necesidades y requerimientos.

Lo he intentado con mucha ilusión y amor desinteresado. Pero anoche me pareció duro que me plantearas la posibilidad de no vernos durante una semana entera, porque lo veníamos haciendo ya dos veces por semana y esto suponía disminuir la cantidad aún más, cosa que no estaba en mis planes. Yo entendí que lo que tú me habías pedido antes era NO AUMENTAR LA FRECUENCIA, sino mantenerla tal cual. Quien ama quiere ver, sentir y amar "en presencia" al ser amado. La ausencia sólo se justifica por motivos de viaje, o por una gran distancia física que pueda separar a la pareja.

Entonces, te he terminado dando la razón: es cierto, el tipo de relación que tú me ofreces por el momento no me hará feliz.

Yo soy una mujer que, cuando se enamora, necesita y extraña a su hombre si no lo ve y esos sentimientos me producen ansiedad y cierta melancolía, lógicamente. Y yo quiero un hombre que me necesite y extrañe si no me tiene a su lado, ¡que suspire esperando el momento de volver a tenerme entre sus brazos!

Si algún día, más adelante, te encuentras en una coyuntura más favorable de tu vida, sin tanta presión y tienes tiempo para el amor y más concretamente para mí, vuelve a buscarme muñeco porque tal vez me encuentres esperándote.

Mientras tanto, me gustaría seguirte conociendo en plan de amigos para que no haya ningún tipo de compromiso entre nosotros, para que ambos seamos libres y resulte natural suponer que nos veamos CUANDO BUENAMENTE SE PUEDE Y PUNTO. ¿Te parece?

Me agradaría salir contigo cuando te provoque, cuando tengas ganas de verme.

Me pareces un hombre maravilloso, sumamente atractivo y con el que siento una gran "química" y tengo mucho en común.

Por eso, dejo las puertas de mi corazón abiertas para ti, y elevo una oración al Señor para que se haga Su Voluntad en nuestras vidas.

Rezo por ti todas las noches y te pienso siempre.

Un beso grande de una pequeña angelita que abrió sus alas pretendiendo envolverte en ellas.

Con el amor sincero, dulce y bueno de tu

Carolita.

En la redacción de la revista, Rafael asume comportamientos extraños de tanto en tanto. Hoy fui a presentarle el capítulo de mi investigación titulado "Tips para mujeres que desean triunfar en el romance en línea", dejó lo que estaba haciendo y me comentó con cara satisfecha y ojos brillantes:

—¿Sabes, Carola?... ¡Estos tips están buenazos! ¡Me provocaría cobrar a los lectores por derecho de uso!

—¡Qué bueno, Rafael! ¡Me alegra que te agraden!

—Es más, tu investigación del romance en línea es muy bien acogida semana tras semana, no eres una experta más en el tema, ¡te has convertido en "la" experta!

—¡Aplausos, aplausos, y más aplausos! —dijo risueña María Antonia, quien había estado escuchando nuestra conversación desde su escritorio. —¡Y lo más increíble es que la señorita ha conocido muchos y muy interesantes galanes también!

Rafael me miró por debajo de sus gruesos anteojos y esbozó una sonrisa pícara que denotaba complicidad.

—Pues me parece muy bien —agregó mi jefe. —Una mujer tan guapa, inteligente y sexy no podía quedarse sola mucho tiempo. ¿Cómo va el plano sentimental entonces? ¿Alguna buena noticia de Mark?

—Mi vida amorosa ha quedado *stand by*, Rafael, María Antonia ya lo sabe. Los pretendientes que he tenido durante todo este año de investigación periodística no valían realmente la pena.

—Sí, fíjate que el tal Mark, un músico viajero que está ¡para comérselo!, no tiene tiempo para verla y es tan orgulloso y testarudo que, sinceramente, no creo que vuelva a aparecer después del *e-mail* que nuestra Carolita le envió enmendándole la plana —añadió María Antonia mientras tomaba otro sorbo de su café del medio día.

—Uhmmmm... y es que a los hombres no nos gusta que nos digan qué es lo que tenemos que hacer, Carola —comentó Rafael mientras revisaba su *e-mail* en la computadora.

—Y a las mujeres no nos gusta que nos pongan por debajo de obligaciones cotidianas o responsabilidades menores. Necesitamos de tiempo compartido con nuestro hombre para construir la relación —le respondí sin pelos en la lengua.

—¡Ese Mark no sabe lo que se pierde! —precisó María Antonia.

¿Y? ¿Entonces?... ¿Ahora qué? —preguntó Rafael algo inquieto.

—Pues sigo con la investigación para la revista pero concluyo de una vez mi libro con la siguiente incógnita: ¿Regresará a buscarme? Porque si realmente era verdad lo que decía sentir por mí, no creo que le sea tan fácil sacarme de su mente.

—Pero lo debe estar intentando el hombre, porque ¡sí que es vanidosillo! —apuntó María Antonia entre risitas.

—¿Y tú, qué presientes que podría ocurrir, Carola? —fue otra inquietante pregunta de Rafael quien sabe la importancia que le asigno a la intuición femenina.

— No sé, te soy sincera, realmente no lo sé.

—¿Qué pasaría si Mark decide regresar arrepentido? —inquirió Rafael, mirándome con cierto halo de compasión bastante raro en él.

—He dejado una puerta abierta, pero ahora todo depende de él y sólo de él —respondí suspirando quedamente.

—¡Que ni se atreva a volver! —gritó María Antonia ¡ya no quiero verte sufrir más, amiga mía!

—Pero es que lo extraño y me he dado cuenta de que no debí forzar tanto una relación que recién se iniciaba —confesé.

—¡Pamplinas! —remató Rafael mientras golpeaba la mesa con el puño de su mano derecha. —Me cambias ese tono de "Dama de las Camelias" ahora mismo te pones a trabajar en tu investigación sobre romance en línea y ¡a seguir saliendo con muchos y muy interesantes hombres, he dicho!

—¡Así se habla, Rafael! —concluyó María Antonia. —¡Primera vez que estoy de acuerdo contigo en algo, jefe lindo!

Mi amiga estampó un beso en la mejilla a Rafael, quien hizo el gesto de limpiárselo como quien limpia algo sucio. Los tres nos reímos con ganas y volvimos a lo nuestro, a los vaivenes y ajetreos del periodismo.

Regresé a mi escritorio con la sensación de que mi vida se ha vuelto un libro abierto y de que soy, y seguiré siendo, por lo menos por algún tiempo más, la protagonista de varias historias de amor en línea que darán que hablar.

Horas más tarde, preocupada por mi estado de ánimo, María Antonia me envió un mensaje haciéndose varias inteligentes preguntas sobre las posibles causas del silencio de Mark y dándome algunas sugerencias:

Carolita sufrida (basta ya de lamentaciones, ¿de acuerdo?).
Se me ocurre que Mark debe estar en problemas de cierta índole (¿habrá dejado encinta a alguien?, ¿le faltará dinero?, ¿se

habrá enamorado de otra?, ¿detestará sentirse presionado? o ¿estará enfermo?, ¿o qué ?), pero sea como fuere, me parece que su comportamiento, por decir lo menos, es descortés y cobarde. Si tuviera "los pantalones bien puestos", o un poco de clase, ya te habría contactado. Debería hablarte o escribirte aunque sólo fuera una vez y plantearte las cosas claramente y no con esa actitud de agresión pasiva (como para que tú descubras, después de darte de bruces con la realidad de su ausencia, que ya no quiere continuar la relación, si es que ésta va a ser en tus términos, que son distintos a los suyos que de hecho son más simples y convenientes para él: que la mujer sea un cheque en blanco en su bolsillo, para cuando le plazca usarlo).

Olvídate de ese inmaduro que sólo te está haciendo perder un tiempo valioso y está ocupando un espacio que no se lo ha ganado en tu bello corazón tan propenso al enamoramiento. Aunque encuentres a Mark talentoso, romántico, guapo, sexy, dulce, etcétera, olvídalo YA porque no está listo para estar con una súper mujer como tú. Sigue buscando entre los guapos disponibles en Internet alguno con valores éticos, profesional y estable, que realmente merezca ser tu compañero.

TIPS PARA MUJERES QUE DESEAN TRIUNFAR EN EL ROMANCE EN LÍNEA

Por lo menos en los Estados Unidos, el romance en línea no es mal visto ni considerado la última opción o aquella a la que recurren los *losers* o perdedores. Hay miles de mujeres profesionales e independientes, de buen nivel intelectual y socioeconómico, que están empleando esta modalidad para encontrar pareja porque el bar no es un buen escenario para ellas.

Aquí van mis consejos para que las mujeres valientes se lancen al ruedo de las citas virtuales:

1. No se concentre en unos pocos candidatos. Trate de abarcar el mayor número posible de conocidos, previa selección basada en perfiles y fotos. Esto le permitirá tener un "abanico" de opciones, realizar comparaciones y poder optar, finalmente, por el mejor pretendiente ¡siempre y cuando usted también esté enamorada de él, claro!

2. El primer paso para ir conociendo a la persona es pedirle que le escriba a su *e-mail* personal. Esto le posibilita salir del limitado espacio que le brinda el sitio *web* y no tener que pagar más por esos servicios cuando usted tenga un número suficiente de conocidos con los cuales

salir y trabar relaciones amistosas. Como segunda opción está el chateo *online* en los mensajeros de *Yahoo*, *MSN*, *Hotmail* o *AOL*, entre otros. La ventaja del encuentro en el chat, antes de conocerse personalmente, es que usted puede irse familiarizando con el "estilo" de su interlocutor, y darse cuenta si de verdad le interesa, le cae bien y tiene potencial para ser un pretendiente de primera línea en su lista.

3. Haga preguntas, muchas preguntas. Siéntase libre de indagar todo lo que sea necesario sobre el candidato que le interesa dado que, si él de verdad está deseoso de conocerla, reconocerá la necesidad que usted tiene de salir de dudas con respecto a su honorabilidad, su situación financiera y familiar y otros temas de importancia.

4. Cuando tenga dudas sobre la veracidad de las fotos publicadas junto a un perfil determinado, pídale a su interlocutor de turno usar la cámara *web* durante el chateo en línea. Esto reviste gran importancia ya que usted podrá descartar a un posible mentiroso. Hay hombres (y mujeres) que colocan fotos muy antiguas, donde no sólo eran mucho más jóvenes sino también bastante más delgados y resulta que en la actualidad lucen totalmente diferentes. Usted podrá descubrir el engaño gracias a la cámara *web* instalada en su computadora, herramienta tecnológica de precio muy asequible actualmente. Vale la pena usarla.

Cuando un pretendiente le interese de verdad, pídale intercambiar fotos. Esto crea la sensación de mayor acercamiento hasta el momento en que tienen la oportunidad de verse, por fin, cara a cara. Tal intercambio se puede realizar a través de los mensajes personales, prescindiendo ya del uso del sitio *web* en el que se descubrieron mutuamente.

El tercer paso aconsejado (después del intercambio de *e-mails* y el chateo en línea) es la comunicación telefónica. Déle el número de su celular (nunca el teléfono del domicilio, a no ser que haya ya una relación de confianza) y pídale el suyo. Escuche su voz antes de conocerlo en persona. La forma en que una persona se expresa, el ritmo en el que habla y el timbre de su voz comunican mucho sobre quién es. Sino le agrada lo que escucha por teléfono, es muy probable que pierda su tiempo inútilmente en el encuentro cara a cara.

Cuando chatee con un hombre al que no conoce bien, responda a las preguntas que le haga con sinceridad pero no dé demasiados datos personales, mucho menos confidenciales, no vaya a caer en manos de un estafador. Si hay algo extraño, contradictorio o poco claro en el candidato que a usted le interesa, pídale que le revele su nombre completo e investigue sobre él en los buscadores de *Google* o *Yahoo*. Si ya se tienen confianza, le puede solicitar el nombre de la empresa en la que trabaja y su cargo, resultando probable que encuentre alguna información por esa vía. En caso de no hallar ninguna pista del hombre en cuestión y dependiendo del grado de interés que usted tenga en él (sobre todo si hay posibilidades de una relación seria de convivencia o matrimonio) no dude en invertir algún dinero en contratar los servicios de un investigador privado. Se dan muchos casos en Internet, de mujeres que se han quedado "en la calle" porque fueron estafadas por profesionales del romance y del embuste en línea.

Haga comparaciones entre sus admiradores teniendo claro qué es lo que usted está buscando. Para ello, puede elaborar una lista de las diez cualidades que desea encontrar en el hombre de sus sueños y luego comenzar a medir a cada uno de sus pretendientes de acuerdo a ella. La siguiente propuesta no incluye un orden de prioridad. Usted puede colocar cada uno de estos criterios de acuerdo al orden de importancia que le da en su vida.

Por ejemplo:
- ✓ Apariencia física.
- ✓ Situación financiera actual.
- ✓ Situación familiar (que puede comprometer la financiera, por ejemplo, si tiene muchos hijos a los que pasarles una pensión mensual).
- ✓ Nivel de instrucción, cívico y profesional (si es compatible con el suyo y el de su familia).
- ✓ Grado de romanticismo o pragmatismo que desea en la relación.
- ✓ Ideas que él tiene sobre la relación de pareja (cuán similares son a las suyas).
- ✓ Atracción sexual, pasión y niveles de deseo mutuo.
- ✓ Valores morales, creencias religiosas y espiritualidad.
- ✓ Pasatiempos y actividades a compartir.
- ✓ Ideas sobre la forma en que se manejarían temas álgidos en la convivencia o matrimonio: hijos, manejo del dinero, distribución de las tareas domésticas, etcétera.

Cuando el nivel de conocimiento del otro se lo permita, indague sobre las verdaderas intenciones del hombre con el que conversa: ¿está buscando una amiga, una amante o una futura pareja estable? Pregunte de manera delicada pero salga de la duda, no vaya a ser que usted esté perdiendo su tiempo con un caballero que sólo quiera su amistad o su cuerpo.

No se involucre sentimentalmente con alguien a quien sólo conoce en línea. La verdad sea dicha: usted puede estar idealizando a un hombre que no la merece, dedicándole muchas horas a la semana a un diálogo que no la va a conducir a buen puerto pues, tal vez, cuando tenga a ese individuo delante se dé cuenta de que no es, ni en sueños, lo que usted había imaginado. La decepción será penosa y le aseguro que no vale la pena.

El tiempo que debe dejar transcurrir entre el primer saludo que recibe de un interesado y el primer encuentro cara a cara depende de dos factores fundamentalmente: cuánto le interese como potencial pretendiente (porque reúne las características que está buscando) y cuánta confianza le inspire que tal persona está diciendo la verdad. A los hombres no les gusta estar dando vueltas y vueltas entre *e-mails*, mensajes de chat y llamadas telefónicas por largos periodos, así que lo más prudente es darse una semana de conocimiento electrónico en promedio y de allí pasar a la primera cita. Pero si el caballero no ha dado muchas muestras de vida durante la primera semana, preferible no darle la oportunidad de conocerse en persona tan rápidamente. El debe demostrar que se encuentra realmente interesado para acceder a tal encuentro. Recuerde que las mujeres somos las "reinas" del romance en línea.

Las probabilidades de que una mujer tenga muchos interesados que le envíen mensajes al mismo tiempo son mucho más altas que las de cualquier hombre, por más guapo y "buen partido" que sea. Entonces, no hay porqué desesperarse. Lo lógico es que la mujer se dedique sólo a "responder" mensajes.

Según Nigel Sharman, ejecutivo de *Match.com*, este sitio es aproximadamente 60% masculino y 40% femenino. Pero hay otros sitios, con menor cantidad total de usuarios donde dicha proporción puede ser, fácilmente, de siete a tres. Teniendo en consideración esta ventaja, ninguna mujer tendría necesidad de tomar la iniciativa y enviar mensajes, a no ser que su perfil o sus fotos estuvieran fallando porque no fueran lo suficientemente vendedores. Y no hay que ser ninguna belleza para tener acogida en el romance en línea. Basta con tener las cualidades que muchos hombres están buscando y, la mayoría, ¡desesperadamente!

¿Cuáles son las principales cualidades que los hombres que valen la pena y están a la caza de su posible "alma gemela" en el Internet valoran más? Una revisión rápida y somera de cientos de perfiles, más las decenas de entrevistas que he realizado a lo largo de mi investigación, me permiten concluir lo siguiente:

✓ Que sea una "buena mujer" es la primera característica, la más mencionada. Esto supone que sea digna, íntegra, virtuosa.

✓ Que sea FIEL, honesta, leal.

✓ Que sea sincera, que no mienta, que no lo engañe en ningún aspecto.

✓ Que cuide su aspecto físico (que haga ejercicio, que se alimente adecuadamente, que se arregle, que sea coqueta).

✓ Que sea independiente (que trabaje, que tenga otros intereses en la vida aparte de la familia).

✓ Que sea apasionada, romántica, sensual, buena amante.

✓ Que sepa manejar el presupuesto familiar, que no derroche dinero.

✓ Que no le tema al cambio ni a los riesgos que la vida conlleva.

✓ Que sea buena madre y buena esposa.

✓ Que tenga una vida espiritual rica que le brinde "belleza interior".

Tenga presente que los avisos o perfiles con fotos son mucho más vistos y revisados que los que no las tienen.

"Si usted incluye una foto, su aviso tiene 15 veces más probabilidades de ser visto", asegura Nigel Sharman, ejecutivo de *Match.com*.

Publique sus mejores fotos acompañando a su aviso y la mayor cantidad de fotos posibles, dependiendo de las facilidades que le brinde el sitio *web*. *Yahoo Personals*, por ejemplo, le deja publicar cinco fotos, mientras que en *Match.com* puede llegar a 20. Mientras más fotografías coloque, mejor, por una razón muy sencilla: hay hombres a los que puede no gustarles como usted luce en una, pero encantarle su *look* en otra. Como hay gustos tan pero tan diferentes, usted debe colocar fotos diversas: con vestimenta formal e informal, con un tipo de peinado y con otro, de preferencia sola en todas, o apareciendo en grupos pequeños y donde a usted se la ubique fácilmente. Las fotos en que se la ve de lejos porque prima el paisaje, no sirven. Sí son útiles aquellas en las que se la ve en su casa, porque dan una idea de la forma en que vive. De preferencia, no coloque una foto suya en la cama, ni mucho menos con un *babydoll* atrevido, porque puede prestarse a malas interpretaciones.

Trate de que en todas las fotos luzca natural pero sólo coloque aquellas que realmente la favorezcan. A muchos hombres no les gustan las fotos "trucadas". Coloque por lo menos una foto en que su rostro se vea cerca. En la totalidad o por lo menos mayoría de las fotos, debe lucir sonriente. Una bonita sonrisa es absolutamente "vendedora".

Tenga cuidado con las fotos en traje de baño o que muestren mucho el cuerpo. Pueden causar la misma impresión equivocada que la de la cama. Y además, pueden no favorecerla si su cuerpo no es delgado o escultural. En caso que lo fuera, trate de incluir una foto no muy cercana en traje de baño, donde prime más la estética y no se deduzcan de ella connotaciones eróticas.

No incluya fotos de más de dos años de antigüedad ni aquellas en las que aparece con su "ex".

Dedíquele todo el tiempo necesario a su perfil, con la finalidad de lograr mostrar su "mejor yo". Dependerá de éste cuán buena "primera impresión" cause en sus lectores.

Trate de que resulte entretenido y agradable de leer. Sea genuina, auténtica, usted misma. Nadie la conoce mejor que usted misma. Ahora, dé a conocer lo que usted vale. Revise y pula su perfil unas dos veces antes de publicarlo. No debe tener faltas de ortografía ni de tipeo. La redacción debe lucir cuidada. Si usted no se siente competente en cuanto al manejo lingüístico, pídale a otra persona que lo revise y corrija antes de publicarlo. Desde el punto de vista de la forma su aviso debe ser:

- ✓ Agradable de leer, interesante, cautivante, sencillo, claro y conciso. Pero no tan breve que deje de lado muchos aspectos de su personalidad o de su vida que usted considere importantes. No omita nada de valor por economizar espacio.
- ✓ No diga cosas demasiado repetidas, comunes o "trilladas". Sea creativa.
- ✓ Piense en su perfil como en un aviso publicitario: tiene que vender o no sirve.
- ✓ Deje la modestia de lado, pero tampoco se muestre excesivamente vanidosa. Busque el equilibrio, sea sobria pero realce sus virtudes.

Desde el punto de vista del contenido, su perfil debe incluir:
- ✓ Cómo se define usted misma a partir de las cualidades, virtudes y características de su personalidad.
- ✓ Quién es usted desde el punto de vista de su trayectoria laboral, profesional, estudiantil, deportiva o artística, dependiendo de los planos en que usted haya destacado o participado.
- ✓ Quién es usted a partir de sus valores, principios morales y creencias religiosas o espirituales.
- ✓ Qué piensa o espera de la relación de pareja.
- ✓ Qué espera o desea encontrar en su futura pareja.
- ✓ Qué ofrece usted que no ofrecen otras mujeres.

✓ Haga énfasis en lo que tiene usted de "único", original o especial. Aquello que la diferencia de las demás, del montón que pululan en los sitios dedicados al romance en línea.

✓ Elija con mucho cuidado el "nombre de usuario" o "pseudónimo" con que la van a identificar en cada sitio. Este nombre la define, la diferencia, la hace "única". Puede representar una mezcla de sus principales cualidades o definirla en pocas palabras.

Para mis perfiles en inglés elegí: "athletic spiritual passionate" (atlética espiritual apasionada) y "blessed seeking fidelity" (bendecida busca fidelidad) y para el perfil en español: "bendecidayfeliz" y "bendecida busca fidelidad".

Tanto su nombre de usuario como su descripción personal tienen como finalidad atraer la atención del tipo de hombre que quiere que lo lea y que le escriba, por eso mismo deberán ser atractivos para "esa" clase de varón, no para todos los tipos. Ahora bien, así como usted se ha esforzado en pulir su perfil, el hombre que le interesa pasó por lo mismo y se sentirá agradado si usted lo lee con detenimiento y le demuestra que lo ha leído de esa manera, en la primera cita.

No mienta. Si tiene temor de incluir su edad, los datos referidos a su estatura y su peso, a sus ingresos, a si sus hijos viven o no con usted, elija la alternativa que los mismos sitios *web* le ofrecen: "Te lo diré luego" (*I'll tell you later*). Si usted miente, su admirador se sentirá estafado, o al menos ligeramente decepcionado en cuanto se entere de la verdad. Además, el ser honesta le ahorra mucho tiempo a usted y su futura pareja.

No le diga a ninguno de sus candidatos que él es uno entre muchos, a menos que lo que usted quiera sea desanimarlo y hacer que se retire de la competencia. Muchos hombres la podrían calificar de "jugadora" porque usted está saliendo con varios al mismo tiempo con la finalidad de compararlos, aquilatar el valor de cada uno y permitir que su corazón decida con cierta colaboración de su raciocinio. Pero usted no está haciendo nada malo porque la mayoría de ellos proceden exactamente de igual manera, tanto cuando buscan pareja a través del Internet, como cuando lo hacen en bares y otros ambientes. La diferencia está en que ellos lo hacen pero no lo cuentan.

Dé a conocer sus reglas de juego antes del encuentro cara a cara, de manera sutil y diplomática. Por ejemplo, si a usted no le gusta ser besada en la primera cita, déjeselo saber con una frase como ésta: "Espero que entiendas que soy una mujer seria, una dama y que espero de ti un comportamiento de caballero...", o algún otro comentario parecido si éste le parece demasiado formal.

Recuerde que usted tiene "la sartén por el mango" en cuanto a tener o no relaciones sexuales con alguno de sus pretendientes. A no ser que usted se encuentre con un violador (cosa que resulta poco probable si emplea los servicios de un sitio grande y de prestigio y toma precauciones), nadie puede obligarla a actuar contra su voluntad en este plano. Aunque buena parte de los hombres quisiera llevarse a la cama a la mujer con la que salieron a tomar café, en la primera cita, ellos terminan valorando más a la que "se hace respetar" porque deducen que, así como usted procede con él, así lo hace con otros y, por tanto, no es de las que pasa "de mano en mano". Es notorio cómo, por lo menos en lo que respecta a la franja de hombres ubicada entre los 30 y 50 años, la fidelidad femenina y el comportamiento recatado despiertan un interés mayor que la conducta libertina y abiertamente interesada en lo sexual.

Si usted inicia una relación seria y comprometida con uno de sus pretendientes, pídale que cierre su perfil y que ya no busque más citas en la red, y haga usted exactamente

224

lo mismo. No hay cosa más decepcionante que descubrir que nuestra pareja tiene su aviso activo en algún sitio y peor aún que estuvo en línea en las "últimas 24 horas" (dato que aparece en lugar destacado en la mayor parte de sitios *web* dedicados al romance en línea).

Si usted se está enamorando de alguien a quien conoció en línea, no se dedique a monitorear su actividad para confirmar si continúa o no requiriendo los servicios de citas por Internet. Por el contrario, compórtese con la confianza de que usted es el único objeto de su deseo y actúe de acuerdo a ello. Esto no significa que vaya a tomar su nueva relación como un hecho "sellado y sacramentado" o que se comporte arrogantemente creyendo que su pareja le pertenece. Quiere decir que usted debe entregar lo mejor de sí para el éxito de esta nueva relación, dándole al otro la oportunidad de descubrir "la joya" que es usted. Tarde o temprano, la emoción de continuar realizando contactos en la *web* se desvanecerá, cuando él se dé cuenta de que nadie podrá reemplazarla en su corazón. Y si no resulta así, como usted quiere, entonces es porque él no la merece. No se desaliente. ¡Vuelva a publicar su perfil e inténtelo otra vez!

Si usted tiene ya un novio en línea o un amigo con el cual la relación se va poniendo seria, trate de chatear con él sobre temas de importancia tales como: sexo y dinero, dos asuntos sobre los cuales la mayor parte de parejas tienen problemas cuando conviven o se casan. Pregúntele por ejemplo cuál es la idea que tiene sobre el manejo de las finanzas hogareñas (cómo se administran los ingresos de la pareja) y qué opina sobre un "acuerdo prenupcial" en el caso de que él fuera a casarse con una mujer que tuviera ciertos recursos económicos personales (o que él mismo los tuviera y deseara "protegerse"). Recuerde que mientras más profundamente usted conozca lo que piensa su pretendiente en línea, y más sinceros sean el uno con el otro, más fácilmente se dará la relación cara a cara y hasta los temas más peliagudos se abordarán con sencillez y naturalidad en el futuro.

Recuerde que el "estilo de comunicación" que se construyó en línea entre ustedes dos va a servir de pauta cuando se dé la comunicación en persona, por lo cual es necesario establecer un modelo comunicativo basado en los valores que usted considera importantes, desde un principio. Por ejemplo, dígale que usted valora la honestidad, la sinceridad y la franqueza en el diálogo. Incluya el humor en el chateo y luego será sencillo que éste surja cuando se encuentren "cara a cara". Cuando esté en línea, utilice calificativos amorosos con el pretendiente que ha quedado como "finalista" en su lista (los que no utilizará con los otros amigos) en la medida en que ya sea oportuno emplearlos. Dependiendo de la cantidad de tiempo transcurrido, éstos van desde: "muñeco" hasta "mi amor", pasando por "cariño" o "*my baby*" (mi bebé). De esta forma, cuando salgan juntos, la relación estará caracterizada por un mayor uso de denominativos cariñosos, que saldrán de sus labios (¡y los de él) espontáneamente.

Vuélvase una experta en el manejo de los *emoticons* o caritas que revelan emociones en el foro del chat, ya que su uso es bien visto en la mujer (y todavía no tanto en los hombres, quienes tienen dificultad en emplearlos por temor a ser malinterpretados). El agregar tales rostros animados le da mayor dinamismo y afectividad al diálogo. Inclusive puede coquetear, abrazar y besar empleando tales rostros. Para desempeñarse bien durante el chateo en el *Messenger* la clave está en la práctica: mientras más practique, más rápido escribirá, mejor empleará los *emoticons* y al cabo de cierto tiempo podrá sostener hasta 3 ó 4 chateos simultáneamente. A veces ocurre que varios de sus admiradores aparecen en el ciberespacio al mismo tiempo y a usted no le queda más opción que conversar con todos en alguna medida, e irse despidiendo de los que menos le interesan hasta quedarse con el que más llama su atención. Está demostrado que chatear coherentemente con varias personas a la vez requiere de gran destreza y concentración, por lo que no resulta el escenario ideal.

Los sitios *web* grandes dedicados al romance en línea le ofrecerán realizar un test de personalidad, muy conveniente para ayudarla a trabajar más sobre su perfil. En *Yahoo Personals*, por ejemplo, el test es opcional y toma unos diez minutos. Determina el tipo de temperamento, el estilo personal y la forma en que una contempla la relación de pareja. Presenta preguntas diversas y algunas afirmaciones con las que usted se puede mostrar de acuerdo, parcialmente de acuerdo o en desacuerdo, como las siguientes:

✓ Tengo que admitirlo, mi casa es un caos a veces, pero me gusta así. Ni se te ocurra tratar de ordenar mis cosas y organizar mi mundo. No soy el tipo de persona que organiza las cosas y tiene todo planeado.

✓ Soy un poco neurótica. Las cosas me afectan más que a la mayor parte de la gente. Pero estoy tratando de aprender a sobreponerme y no dejarme deprimir tan fácilmente.

✓ Soy fuerte, con una alta autoestima. Tal vez no soy tan segura y valiente como mis amigos creen pero definitivamente no dejo que otra gente destruya mi confianza en mí.

✓ Me importa mi conexión emocional con otras personas y darles el amor y compasión que merecen. Es bueno estar en sintonía con nuestras propias emociones e instintos.

✓ Me veo como una persona optimista y positiva. No permito que los rumores o chismes sobre mí me afecten. Soy alegre y activa por naturaleza.

✓ Yo no estoy buscando el amor ni mucho menos un compromiso. Creo que hay que salir con mucha gente antes de encontrar una pareja. Se trata de un gran juego en el que no es conveniente depender de ninguna persona y mucho menos caer en dramas y celos.

✓ Cuando pienso en una relación, pienso en cómo nuestra vida se verá afectada por estar juntos. ¿Lo aprobará mi familia? ¿Mi trabajo se verá afectado? Hay que pensar en estas cosas con la cabeza fría antes de iniciar un compromiso de pareja.

Match.com solicita al futuro usuario que complete el test de personalidad como un paso obligatorio. Los resultados son utilizados por la empresa para buscar los candidatos que le serán enviados al cliente por *e-mail* de manera periódica. El test requerido enfatiza los pros y los contras del estilo de personalidad que uno detenta, así como la visión que uno tiene sobre el amor de pareja y el romance. También le entregan al interesado los resultados relativos a "pareja ideal": sus cualidades intelectuales y espirituales y su tipo físico (tipo de rostro y de cuerpo preferidos).

eHarmony es la empresa que mayor importancia le dedica al test de personalidad que es exigido antes de la inscripción, pues cuenta con 500 preguntas y mayores niveles de dificultad en las respuestas que los otros sitios de romance en línea.

En su libro, *How To Know If Someone Is Worth Pursuing in two Dates Or Less*, el Dr. Warren sostiene que los que llevan consigo una lista mental de lo que aprecian y detestan en su pareja, tienen muchas más probabilidades de conseguir lo que realmente están buscando. Empleando los criterios de esa lista, ellos pueden determinar si el candidato "calza" o no en ella.

eHarmony le pide a su cliente que examine una lista larga y escoja dentro de ella las diez cualidades más importantes que debería tener su pareja, así como las diez características que no podría soportar que él o ella tuviera.

El test de esta prestigiosa compañía puede requerir una hora como mínimo para completarse, si se quiere realizar con seriedad y honestidad.

El desarrollo de la industria del amor en línea es tan veloz y promisorio, que un nuevo tipo de servicio se ofrece para aquellos que no cuentan con las habilidades lingüísticas y creativas necesarias para redactar sus perfiles. Es el del *dating & love coach*, consejero o guía que puede darle un retoque al aviso de un cliente o redactarle uno totalmente nuevo. Esta clase de servicio profesional, brindado también por Internet, ya se encuentra de moda en los Estados Unidos y no demorará en ser requerido así mismo por el mercado latinoamericano. El sustento de su importancia, de acuerdo a sus defensores, reside en ver al perfil como una inversión y lograr que sea realmente efectivo, destacando de entre los millones que compiten por ser leídos en la red. Entonces, así como usted podría contratar los servicios de un experto para que redacte y dé cuerpo a su "currículum vitae", así mismo podría necesitar de un especialista en creación de perfiles creativos, originales y vendedores.

No olvide que de usted y de las precauciones que tome, dependerá que no sufra ningún tipo de percance encontrándose cara a cara con pretendientes que resulten ser lobos disfrazados de ovejas. Cítese en lugares públicos. Vaya en su propio auto o en taxi para que pueda cortar la reunión a la hora que quiera y regrese segura a su hogar. Sólo permita que su amigo la recoja en su propio auto si el nivel de confianza que existe entre ambos lo posibilita. No se sienta obligada a "retribuir" con algún favor sexual el hecho de que haya sido su pareja quien haya pagado la cuenta. Sólo dé el número de su teléfono celular, no el de su casa. No mencione datos sobre sus ingresos, sus propiedades o negocios, hasta que no esté bien segura del grado de honorabilidad de su interlocutor. No confíe demasiado a no ser que quiera correr el riesgo de "salir trasquilada" de la experiencia del romance en línea. La prevención es una de las claves del posible éxito que logre en un campo tan importante para su vida.

Cuando esté pasando por una etapa de "escasos candidatos" (o ninguno) recurra a la "búsqueda" que le permite el sitio y envíe *winks* a diestra y siniestra. De 30 que envíe, tal vez le respondan tres, con suerte. Porque inclusive los hombres, que tienen que enfrentar una severa e intensa competencia en el cortejo en línea, no se dignan a responder con la caballerosidad que dicen tener en sus perfiles.

No se desaliente por la cantidad de supuestos candidatos que van entrando y saliendo de su lista. La rotación va a ser constante. Lo mismo les ocurre a ellos con la relación de mujeres a las que han echado el ojo, pues, en la medida en que las conocen, las van descartando y van iniciando una búsqueda nueva. Resulta duro aceptar que usted misma puede ser rechazada, sin mayor conocimiento de sus valores, su personalidad y lo que la hace única e irrepetible, por un detalle tan nimio como una foto mal tomada o un dato del perfil que no coincide con lo que el hombre busca, pero así es "la competencia", dentro y fuera del amor en línea. Hay decenas de hombres que pueden mostrar algún interés en usted, pero serán contados los que se decidan a perseverar en el conocimiento mutuo y no echarse atrás ante el menor obstáculo. Por eso, busque con cuidado, seleccione pacientemente a sus candidatos, no se muestre desesperada (porque usted no lo está) y confíe… porque, tarde o temprano, su "alma gemela" llegará para quedarse y hay más probabilidades de que esto ocurra si usted usa el Internet que si no lo emplea por temor, por prejuicios o por cualquier otra causa ¿Se anima, entonces?

No podía dormir en la madrugada porque el recuerdo de Mark me atormentaba. Me senté frente a la PC deseosa de avanzar el libro. El *Yahoo Messenger* se abrió automáticamente, porque mi computadora está programada para ello, y ¡oh sorpresa! me encontré con Rafael quien, como yo, sufre de insomnio de tanto en tanto.

—Hola, Carolita lechuza... ¿Cómo va ese corazón?

—Mal, querido amigo...todavía "partío", como dice la canción

—¿Por culpa del idiota de Mark, no?

—Sí, te cuento que a eso de las 9 p.m. recibí un mensaje de texto en el celular y creí que era de él, pero estaba en portugués decía algo así como: "su ex enamorado igual quiere verla" me emocioné mucho pensando que se había dado cuenta de que me quería.

—¡Si serás cándida, por Dios!

—Pero luego cuando llegué a casa cotejé los números telefónicos y el mensaje no provenía de ninguno de sus dos celulares.

—Entonces, ¡queda claro que no fue ese músico de pacotilla!

—Te quiero consultar una hipótesis para mi libro sobre la psicología masculina.

—Dime, ¡yo soy todo un experto en hombres!

—La cuestión es: ¿por qué un hombre dice amar a una mujer, la puede cortejar con palabras muy amorosas y demostrarle los más bellos sentimientos en besos y caricias pero luego, al menor problema se echa para atrás y corta la relación tajantemente?

—Bueno, no creo que este comportamiento sea típico de la mayoría, pero digamos que de una buena parte de los varones, es cierto...

—Mi hipótesis es la siguiente: desde el inicio de la relación el hombre le dice a la mujer "lo que ella desea escuchar"...

—Claro, porque sabe que a la mujer se la conquista por el oído...

—Aunque puede ser que el hombre no esté muy convencido de lo que dice...

—Sí, pues... lo dice "por cumplir" y para conquistar a la mujer.

—La mujer entonces se cree esas palabras porque ella "necesita creer" que lo que le dicen es cierto y se enamora del hombre... cuando el hombre ve que la ha conquistado en alguna medida, si aparece algún problema "se quita" rápido y fácil porque en realidad todo lo que le ofreció lo dijo "de la boca para afuera"… ¿Qué opinas?

—Andas bien encaminada, Carola… hoy por hoy, en nuestra cultura, son más los hombres que juegan con las mujeres que al revés... Es mi convicción. Aunque hay culturas (España por ejemplo) en que hombres y mujeres se van equiparando. El hombre se auto permite la infidelidad como normal... pero no la perdona. La cultura sigue siendo más tolerante con él que con la mujer. Tú dices que al menor problema se echan para atrás... yo modificaría la frase: esos tales se echan para atrás "al menor problema o al menor movimiento hacia el compromiso en serio". Estoy de acuerdo con tus apreciaciones. En términos generales —quizás peque de ingenuo— creo que hay mejor intención en la mujer que en el hombre y por desgracia hay mayor fragilidad en la mujer que en el hombre cuando ocurre el rompimiento.

—Muy cierto, la mujer lleva la peor parte porque se compromete afectivamente…

—No me extrañaría que el tal Mark ya pudiera estar con otra... o que llegó de México con otra…

—Bueno, me consta que Mark ya está buscando con quien salir porque cuando miré su perfil en el sitio de citas en línea decía que estaba activo en las últimas 24 horas… eso indica que anda buscando pareja nuevamente…

—No te queda más que olvidar a ese patán, Carola…cuanto antes, mejor…

—Te confieso que he derramado algunas lagrimitas recordando al orgulloso de Mark… creo que no responde a mi mensaje del domingo ni me llama de puro testarudo…porque tendría que dar su brazo a torcer… y aceptar que deberíamos vernos más…

—¡QUE CON SU PAN SE LO COMA EL PATÁN!

—Gracias por hacerme reír.

—El que te hace reír no soy yo, ¡es el PATÁN!

—Dime con sinceridad, Rafael… ¿tú crees que todo lo que me decía Mark era pura mentira y por eso ahora no me extraña?

—No necesariamente. Los hombres se hacen ilusiones respecto a sus propios sentimientos y dicen cosas que no son del todo ciertas... ¡de puras ganas de que lo sean! Luego, cuando no resultan ser ciertas, se olvidan rápido. Precisamente porque fueron palabras ilusorias, no reales.

—Sí, qué pena.

—O sea: dicen "te quiero" en espera de sentir ese "te quiero"

—Hoy tuve que contenerme para no llamarlo por teléfono.

—¡SI LO LLAMAS TE MATO!

—Lo sabía... ¡por eso no lo hice!

—No. No te mato. Le mando copia de este chateo al diario de mayor circulación para que tu gente se entere de las tonterías que haces por estos lares.

—¡Esa amenaza suena peor todavía!

—Hazme caso, Carola: encárgale a tu cabeza que enfríe un poco a tu corazón. Será saludable. Me voy a dormir. Hoy trabajé mucho y estuve inspirado y productivo. ¡*Laus Deo*!

La conversación con mi jefe me dejó la sensación de que cada día entiendo mejor a los hombres. La pregunta es si algún día lograré que alguno me entienda a mí.

He salido una vez más con mi buen amigo Kay, quien sí parece hablar mi mismo idioma, y me ha dado su versión de lo que podría haber ocurrido con Mark. Fue camino a un restaurante de lujo donde íbamos a cenar acompañados de un show de música de jazz en vivo. A veces me pregunto, porqué un hombre como él, tan "buen partido" (según el criterio de familiares y amigos), me ofrece sólo su amistad, cuando yo estaría dispuesta a ir mucho más allá.

La parte más difícil, al inicio de una relación, es lograr que hombre y mujer se pongan de acuerdo en cuanto a lo que esperan el uno del otro y sean lo suficientemente sinceros como para dar a conocer tales expectativas. Sin este elemento se puede perder mucho tiempo, en vano.

—¿Por qué los hombres son tan complicados, Kay?

—¿Nosotros complicados? ¡Para nada! ¡Son las mujeres las especialistas en complicarnos la vida!

—¿Qué pasa con el hombre que le dice a una mujer que la ama con todo el corazón, que ella es el gran amor de su vida y al primer problema se echa para atrás y ni siquiera hace el menor intento por salvar la relación?

—Uhmmmm... ya sé... me vas a contar tu caso con el músico, pues déjame que te diga que aquí estamos ante un tipo de hombre especial: un artista.

—Claro, son mucho más radicales: o todo o nada, más dramáticos o teatreros, ¿no?

—Y más todavía, cuando inició la relación contigo pasó por esa racha que en inglés se conoce como *infatuation* (deslumbramiento) que significa que lo deslumbraste, lo dejaste sin habla, te idealizó, idealizó la relación y al primer problema ¡se le vino abajo el castillo de naipes que había construido!

—Entonces, no era que estuviera diciendo mentiras, pasó que quería enamorarse de mí pero no era capaz de afrontar las responsabilidades que la nueva relación le iba a exigir.

—Bueno, por lo que me has contado de él, cada vez que hemos chateado y me has tomado de "paño de lágrimas".

—Sí, perdona, sé que me aprovecho de tu bondad —interrumpí agradecida.

—Ya tiene demasiados problemas y preocupaciones en su vida como para echarse otra responsabilidad encima. Imagino que le agradará más el tipo de mujer que lo acepte sin condiciones.

—Tienes razón, Kay. Lamentablemente ésa no soy yo porque creo que una relación supone "inversión de tiempo" por parte de los dos y él no estaba dispuesto a cambiar su rutina, ni siquiera ligeramente, por mi causa.

—Pero no sabemos qué pasará, Carola. Me parece que todavía no has cerrado la puerta de tu corazoncito para el tal Mark, y ¡quién sabe si él regresa con el rabo entre las piernas, manso como un corderito! —comentó Kay entre risas.

No tengo la más remota idea de qué me deparará el futuro. Mi experiencia de romance en línea me ha enseñado, sin embargo, que una puede ilusionarse con determinada persona porque aparece como el candidato ideal pero que, cuando la razón entra a tallar y juega el rol de "abogado del diablo", se puede llegar a decir, tanto en voz queda como en voz alta: "Ese hombre no es para mí" y entonces comienza a producirse el proceso de "desenamoramiento" hasta que, al cabo de algún tiempo, la herida se cura.

Confieso que lo extraño y que me encantaría que volviera o que por lo menos diera señales de vida. Pero su orgullo puede más que su deseo.

Ha pasado casi una semana de nuestra última conversación telefónica y, mientras sigo esperando la respuesta de Mark, que presiento será el silencio de "quien calla, otorga", apareció en el chat un nuevo amigo para mi libro de amor en línea y quizá para mi corazón afligido. Se trata de Michael, otro cristiano.

Me asombra cómo la vida da vueltas y está llena de aparentes coincidencias.

Cuando pongo punto final al capítulo dedicado a Mark, aparece un cristiano, quien me habla de los versículos bíblicos que respaldan nuestras creencias de fidelidad y amor eterno en la pareja.

"Hasta que la muerte los separe", sí, en eso creo y seguiré creyendo.

Como también presiento que es mi esposo quien, desde el cielo, colaborando con Dios, porque ha recibido instrucciones explícitas para ello, me está enviando a cada uno de estos hombres con un propósito: hacerme crecer, madurar y cambiar para estar más preparada para el encuentro del verdadero amor.

Como creo que fue mi esposo quien le dio a mi jefe la idea de encomendarme esta investigación periodística, que luego dió como fruto un libro interesante y lleno de vivencias únicas, irrepetibles.

Las valoro todas. Inclusive las aparentemente malas. Cada uno de los cientos de conocidos que tuve en línea, de los amigos con los que llegué a reunirme en persona (65 en un año, de quienes guardo perfiles, fotos, mensajes y chateos como recuerdo), así como mi enamorado, el inolvidable Mark, aportaron algo positivo a mi vida; me abrieron los ojos a un mundo que desconocía y me permitieron conocer un poquito mejor la compleja mentalidad masculina. ¡Quién entiende a los hombres! ¿No?

Gracias a estas experiencias de romance en línea los estoy comprendiendo algo más cada día y no creo que todos sean tan malos como parecen, o que todos sean unos perros o una basura ¡NO! Los hay muy buenos, como para enamorarse e inclusive casarse. Y por eso, y porque soy una mujer "de armas tomar", no me desaliento ni desanimo a raíz de mi rompimiento con Mark y me lanzo nuevamente al ruedo, a seguir buscando, a continuar leyendo perfiles, revisando fotos, enviando *winks*, contestando *e-mails*, chateando vía Internet y usando la cámara *web*.

¿En qué nuevo sitio de romance en línea me inscribiré ahora? ¿Cuántos hombres ingresarán a chatear conmigo en el *Messenger* sin invitación previa alguna? ¿Terminaré algún día esta extensa investigación periodística que se entremezcla con mi vida privada? ¿Cuántas citas semanales tendré de ahora en adelante? ¿Habrá alguno que llegue para quedarse, que me merezca de verdad?

El proceso de selección es arduo, pero no me amilano porque, como bien dice Rafael, ya me considero una experta.

Debo reconocer finalmente que, a pesar de todos sus defectos, este sistema tiene más ventajas por la rapidez con la que uno contacta a decenas de potenciales candidatos, entre otras, que cualquier otro escenario donde una podría acudir con la cándida pretensión de encontrar a su alma gemela.

No me arrepiento de haberle dedicado tantas horas de mi vida al romance en línea, complementando la experiencia intelectual con la emotiva.

No me arrepiento de haber derramado lágrimas por causa de Mark porque también le debo el haberme hecho sentir mujer, bella y deseada, y mejor aún, mujer enamorada.

No me arrepiento de seguir siendo la misma "pacata, puritana, cucufata y chapada a la antigua" de la que muchos se burlan, porque algún día demostraré, con hechos, que las mujeres de mi tipo son a las que mejor les va en la aventura de las citas virtuales.

Mi primer libro sobre romance en línea termina aquí, sí... pero no concluye la investigación periodística ni mucho menos mis posibilidades de conseguir pareja en un mediano plazo mientras sigo experimentando, en carne propia, las ventajas y desventajas de las citas virtuales. Porque he de reconocer que, en medio de los tejes y manejes del amor en línea, le he terminado dando la razón a Robert Frost, aceptando —casi a regañadientes— que el amor es, también, "un deseo irresistible de ser irresistiblemente deseado".

Ejercicios prácticos para triunfar en la búsqueda de pareja por Internet

Ejercicio # 1

Definiendo el tipo de relación que nos interesa

La Doctora Amor recomienda definir qué tipo de relación se está buscando antes de escribir el perfil que determinará, en alguna medida, el éxito de nuestra búsqueda.

Para estar seguros del tipo de relación que queremos, primero debemos hacernos las siguientes preguntas y responderlas con toda honestidad:

TIPO DE RELACION	Sí	No	No sé
Tengo la mente abierta a cualquier tipo de relación			
Salir en citas por pura diversión			
Salir en citas con fines sexuales			
Generar una red de amigos sin tener que conocerlos en persona			

Crear una red de amigos en línea para luego conocerlos personalmente			
No permanecer en línea mas de lo necesario para conseguir citas			
Salir con todos sin importar su apariencia			
Salir sólo con aquellas personas que me parecen atractivas físicamente			
Leer y analizar cada perfil antes de salir con alguien			
Conocer gente interesante sin tener que profundizar en una relación			
Seleccionar unos pocos para dedicarme a cultivar una amistad que conduzca luego a la relación amorosa			
Estoy en busca de una persona con quien entablar una relación amorosa exclusiva y comprometida			
La verdad sea dicha "estoy aquí porque me quiero casar"			

En la mayoría de los casos se recomienda colocar en el perfil el tipo de relación que uno está buscando, de manera que se alejará a aquellos que no se adecuan a nuestras expectativas. Sin embargo, en el caso de la última opción, por ejemplo, la del matrimonio, es preferible no mencionarla en el perfil ni en las primeras citas porque al hacerlo podemos "espantar" a posibles buenos candidatos.

Tampoco es recomendable definir la relación a partir de frases negativas, por ejemplo "No estoy aquí para perder el tiempo". "Estoy harta de sólo encontrar patanes en la calle". "No he tenido suerte en el amor, por eso voy a hacer este último intento". Porque con tanto pesimismo no vamos a atraer a nadie.

Tengamos en cuenta que no hay problema en marcar varias opciones en el cuadro, siempre y cuando éstas no se contradigan. Comenzar a emplear las citas en línea como herramienta nos ayudará a clarificar por el camino lo que queremos en realidad.

Ahora bien, si de las trece opciones que presenta esta tabla, marcamos "no sé" en más de seis, será necesario reflexionar en qué es lo que deseamos obtener fundamentalmente como resultado de nuestro ingreso al mundo de las citas por Internet, porque si ni nosotros mismos lo sabemos, el éxito no saldrá a nuestro encuentro e invertiremos tiempo y dinero en vano.

Ejercicio # 2

Las siete direcciones del mapa amoroso

Determine qué es lo mas importante que espera encontrar en el otro y en el tipo de relación que entablará con esa persona. (Este ejercicio se aplica más fácilmente con los pretendientes con los que se lleva saliendo tiempo suficiente para saber cómo son realmente y poder medir si pasan la prueba de los siete factores).

La Doctora Amor considera que hay siete direcciones que configuran el MAPA DE UNA RELACIÓN AMOROSA EXITOSA. Si los miembros de la pareja coinciden en la definición de lo que es más importante para ellos, hay muchas más probabilidades de que alcancen el éxito en el amor.

Responda honestamente a la siguiente pregunta: ¿Cómo defino la importancia que le brindo a los siguientes factores y en qué orden de prioridad los ubico?

Marque con una X la opción que prefiera para cada elemento. Cuando haya terminado de catalogar el grado de importancia que le brinda de manera individual y personal a cada uno de estos factores, vuelva al cuadro para reflexionar más sobre la posición que ocuparía cada requisito en una lista de prioridades. Coloque un número al lado de cada elemento para precisar el lugar que ocupan en la lista (del uno al siete, siendo el número uno el más importante) y luego reelabore su lista de acuerdo a cómo han quedado ubicados.

El orden de prioridad de cada factor en la lista le ayudará a aclarar aún más el tipo de relación que está buscando.

Direcciones del mapa amoroso	Gran importancia	Mediana importancia	Escasa importancia
Atracción física			
Química (conexión basada en buena comunicación verbal y no verbal)			
Compatibilidad intelectual (similares niveles educativos)			
Compatibilidad de caractéres (similares temperamentos, intereses y gustos)			
Estabilidad emocional (salud mental, personalidad equilibrada)			
Estabilidad financiera			
Compatibilidad espiritual (similitud en valores, virtudes y principios morales o religiosos)			

Ejercicio # 3

Cuadro comparativo de pretendientes con base en mapa amoroso

Cuando ya haya conocido a varias personas en los sitios de *online dating* (y de preferencia se haya encontrado con ellas cara a cara, o al menos las haya visto por la cámara *web*) pase a responder cómo cada candidato se ajusta a lo que usted está buscando.

Imaginemos que el orden de prioridad que usted ha establecido para los siete factores es el que se presenta en la siguiente tabla. (De no serlo, reorganice la tabla de acuerdo a las direcciones del mapa que para usted son más importantes).

En las columnas del centro coloque los nombres de los candidatos y debajo de cada nombre asígnele a cada quien una nota de uno al diez (de acuerdo a lo bien o mal que se desempeña en cada uno de los siete factores), siendo uno la nota más baja. Luego sume el total que hace cada candidato en todas las categorías para que determine cuál se acerca más a su ideal.

Direcciones del mapa amoroso	Candidato # 1	Candidato # 2	Candidato # 3
PUNTAJES PARCIALES DE ACUERDO A MI ORDEN DE PRIORIDAD DE FACTORES			
1) Compatibilidad espiritual			
2) Estabilidad emocional			
3) Atractivo físico			
4) Química y comunicación			
5) Compatibilidad intelectual			
6) Compatibilidad de caracteres			
7) Estabilidad financiera			
PUNTAJE TOTAL DE CADA UNO			

EJERCICIO # 4

PREGUNTAS Y RESPUESTAS PREVIAS A LA REDACCIÓN DEL PERFIL

¿Cuáles son las principales características de mi personalidad que me distinguen de otros individuos del mismo sexo? Enumere todas las que se le ocurran a manera de "lluvia de ideas".

_____
_____
_____
_____
_____

Precise cuáles son las cinco características más importantes que la diferencian del resto (eligiendo dentro de las que ya enumeró en la primera pregunta).

_____
_____
_____
_____
_____

246

Elabore un texto tentativo en el que se describa a sí misma recogiendo las principales características que definen su identidad.

_____

_____

_____

_____

_____

Con base en las SIETE DIRECCIONES DEL MAPA AMOROSO, defina lo que está buscando en su pareja ideal.

_____

_____

_____

_____

_____

Agregue otras características o atributos que le gustaría que su pareja ideal tuviera y que no se encuentren mencionados en el mapa anterior.

_____

_____

_____

_____

_____

Con base en sus resultados del ejercicio #1, redacte un breve texto sobre el tipo de relación que está buscando.

_____

_____

_____

_____

_____

Ahora que ya tiene claro cómo se describe a sí misma, a su potencial pareja y al tipo de relación que tendrán, proceda a buscar una frase de entrada que encabece su perfil y llame la atención de quienes lo lean.

_____

_____

_____

_____

Aquí le ofrecemos algunos ejemplos de encabezados o títulos para perfiles:

"¡Ok! Ya estoy aquí. ¿Cuáles eran tus otros dos deseos?" "Como un nuevo buen empleo...Ofrezco excelentes beneficios!." " Los hombres románticos parecen extinguidos. Si tú estás en extinción, contáctame ahora mismo." "Me encanta un hombre en uniforme. Militares solicitar aquí".

Ejemplos de encabezados a evitar:

"Hola" "Tú puedes ser quien estoy buscando" "Sólo me interesa hacer contactos" "¡Puedo mentir sobre dónde nos conocimos!"

Una recomendación adicional sobre el perfil a considerar es que deberás rotar la fotografía principal permanentemente e inclusive cambiar el título del mismo. Los sitios de citas en línea acostumbran promocionar más a las personas que cambian textos y fotos con periodicidad.

Lugares para encontrar pareja por Internet

American Singles http://www.AmericanSingles.com/

Amigos http://www.amigos.com (Amor y romance para los latinos del mundo)

Big Church http://bigchurch.com/ (Tiene versión en español).

Chemistry http://www.chemistry.com (Relaciones serias)

Christian Café http://www.christiancafe.com

Christian Singles www.christiansingles.com

Date www.date.com (Tiene agentes con los que chatear por orientación)

eHarmony www.eharmony.com (Serio y grande con cierta orientación cristiana)

Latinamericancupid.com http://www.latinamericancupid. com

Latin Singles Connection http://www.latinsinglesconnec-tion.com

Match.com www.Match.com (El primero y más grande)

Match.com en español http://usa.*Match.com*/search/index.aspx

Matchmaker - http://www.matchmaker.com

Meeta http://www.meeta.com (Servicio gratis)

Metro Date http://www.metrodate.com/ (Citas a nivel local)

MSN latino http://latino.*MSN*.com (Tiene un servicio de búsqueda de pareja)

OK Cupid http://www.okcupid.com (Otro gratuito, en español pero pequeño)

Plenty Of Fish http://www.plentyoffish.com (También gratuito)

Perfect Match http://www.perfectMatch.com (Relaciones serias)

Relationships http://www.relationships.com (Servicio sin pago inicial)

True http://www.True.com

Yahoo Personals http://personals.Yahoo.com (otro sitio importante)

BIBLIOGRAFÍA

Coloccia, Jane, 2008, *Confessions of an Online dating Addict: A True Account of Dating and Relating in the Internet Age*, AuthorHouse

Elisar, Shimrit, 2007, *Everyone's Guide to Online dating: How to Find Love and Friendship on the Internet*, How to Books Ltd.

Fein, Ellen; Schneider, Sherrie, 2002, *The Rules for Online dating: Capturing the Heart of Mr. Right in Cyberspace*, Pocket

García Canclini, Néstor, 2009, *Diferentes, desiguales y desconectados*, Editorial Gedisa.

Gibson, Rachel, 2006, *Sex, Lies and Online dating*, Avon.

Howard, Brian Edgar *et al.*, 2003, *The Ultimate Man's Guide to Internet Dating: The Premier Men's Resource for Finding, Attracting, Meeting and Dating Women Online*, Purple Bus Publishing.

Ludwig, F., 2007, *Cruising and Bruising in Cyberspace: A Guide to Online dating After Forty*, BookSurge Publishing.

Marc Katz, Evan, 2004, *I Can't Believe I'm Buying This Book: A Common Sense Guide to Successful Internet Dating*, Ten Speed Press.

Neal, Vivienne Diane, 2008, *Making Dollar$ And Cent$ Out Of Online dating*.

Silverstein, Judith, *et al.*, 2003, *Online dating for Dummies*, John Wiley and sons.

Ulick, Terry, et. al., 2005, *Truth, Lies, and Online dating: Secrets to Finding Romance on the Internet*. Course Technology PTR.